「叱る指導」を考える

─「はじめに」にかえて

菊池道場　道場長　菊池省三

■ほめるだけ？

「菊池先生は、ほめるばかりで叱ることはしないのですか？」
　という質問を、セミナーや講演会の場でよくされます。答えは、簡単です。
「もちろん、叱る必要のあるときには、叱りますよ」
　ですが、正直、「またか…」と思わざるを得ない質問です。
　私が教師になったばかりの頃は、職場の仲間から瞬間湯沸かし器と言われていたくらいですから、ほめることの意義を学んでいなかったとしたら、今でも大きな声を出して、子どもたちを怒っていたかもしれません。
　ただ、ほめることの大切さに気づき、その教育的価値を学んでからは、１年間を通して「ほめる９：叱る１」くらいの割合で指導をしてきました。
　一般社団法人日本ほめる達人協会の西村貴好理事長は、「ほめるとは、価値を発見して伝えること」と定義されています。とても共感しています。
　私は、「叱る」について、暫定的に、「叱るとは、負の現象からそれを正してプラスの価値付けをして、本人の成長を促すこと」と定義したいと思います。
　このあと、第１章以降で詳述される内容と重複する部分もありますが、「叱る指導」に関する、共有しておきたい基本的な事項と考え方を概観いたします。

■叱る三つの場合

　私の尊敬する野口芳宏先生は、教師が叱ることについて、大切な考え方を２点示されています。

1点目は、「全身全霊で叱る三つの場合」です。

> 1．同じ注意を二度されて、しかも反省の色が見られず、次も同じ行動に出たとき。
> 2．他人の迷惑になるようなことをして、おもしろがっているとき。
> 3．大きな事故につながる悪ふざけをしたとき。
> 　　　　　　　　　　　「野口流　授業の作法」（学陽書房）から

　その後、教室の子どもたちが変化し、特別な支援を必要とするお子さんも増えていることと、子どもの成長ということを考えたとき、このうちの1について、私は、
「学校や先生、学ぶことに対してリスペクトがないとき（不遜な態度をとるとき）」
と置き換えて考えています。
　私は、この「叱る三つの場合」を、新年度のスタートに当たって、それぞれの具体例とともに、子どもたちに話をします。
　始業式の日は、1年にわたってこれから一緒に成長していこうということを確認する日ですから、その中で、「成長を邪魔することに対して、先生は叱ります」と、「叱る」ことの意味をきちんと伝えておくのです。

■正しい叱られ方
　野口先生は、もう1点、「正しい叱られ方」について、お考えをまとめられています。

> (1) 受容　　(2) 反省　　(3) 謝罪　　(4) 改善　　(5) 感謝
> 　　　　　「野口流　教師のための叱る作法」（学陽書房）から

　私は、この「正しい叱られ方」の授業を5月か6月に行います。このような抽象度の高い内容は、抽象的な言葉を理解する力がなくては、子

どもたちの中に入っていきませんから、4月のスタートから価値語の指導を丁寧に重ねながら、「叱られ方」の指導が必要なタイミングを見極めるのです。

　叱られることを受け容れ、自分の行動を反省し、迷惑をかけた相手に謝罪し、自分の行動を改善し、最後に叱ってくれた人に感謝ができて、「正しい叱られ方」なのです。

　教師の側から言えば、叱られた子どもが感謝の気持ちになってこそ、叱った目的も達成できると言えるのです。

「先生は、あなたたちのことを思って言っているのよ」

　という話しかけはあまり意味をもちません。

　叱られた人が、叱った人の気持ちに呼応して感謝の気持ちをもてるかどうかが重要なのです。

■「叱る」と「怒る」

　以上の2つの「叱る」原則を踏まえ、「叱る」ことと「怒る」ことについて考えてみます。

　私は今、全国の学校で1時間限りの飛込授業をさせていただいています。四国の山の中の小さな中学校で、生徒二人を相手に授業をしました。

　その中で私は、

「『ほめられる』『叱られる』『怒られる』の3つを、うれしい順に並べてください」

　と呼びかけました。

　子どもたちは、

「『ほめられる』→『叱られる』→『怒られる』」の順に並べました。

　次に、

「では、この3つを、2つに分けましょう」

　と問いました。

　子どもたちは、

「『ほめられる』／『叱られる』『怒られる』」

と分けました。理由は、
「『叱られる』も『怒られる』も嫌な気持ちになるから」
というものでした。
　私は、ここに、教師と子どもの認識の違いがあることに気づきました。
　教師の多くは、
「『ほめられる』『叱られる』／『怒られる』」
　と分け、「叱る」ことも成長を促すためだ、と考えているのではないでしょうか。
　「叱る」意味を正しく教えないと、そのままでは子どもは教師が考えているようには「叱られること」を受け止められないのです。
　この経験を踏まえ、「叱る三つの場合」と「正しい叱られ方」の指導を子どもたちにすることの大切さを改めて感じました。

■叱る基準の明示

　また、「叱る三つの場合」の指導の中で、「叱る基準は先生にある」ということを、事前に子どもたちに対して明確にしておくことも重要です。
　例えば、友達を強くにらみつけたときに、教師が、
「今の目は何？そんな目で○○君のことを見てはいけません」
「えっ、なんで。ただ、見ただけだし…」
　と反発することがあります。教師が明らかにいじめの予兆だと判断したような場面で、毅然とした指導をするためにも、いじめかどうかを決めるのは教師であり、叱るかどうかの判断基準は教師にあることを事前に示しておくのです。
　そして、子どもたちの成長を願って叱るのだということを同時に伝えます。

　私の担任した子どもたちは、地元で私の主催する教師向けのセミナーによく参加しました。「非日常を成長のチャンスに」と、集まった大人たちの前で、スピーチをしたり、話し合いをしたりしました。

そんなとき、参加者から、
「菊池先生は、ほめることで有名だけど、本当のところはどうなの。叱ることはしないの？」
　という質問が、私のいないところでよくされていたようです。そのときに子どもたちは、
「叱られるけれど、理不尽な叱り方はしません」
　と答える場合が多かったようです。

「喧嘩の事情によらず、当事者を等しく罰する」という意味の喧嘩両成敗という言葉があります。私は、学校や教室の場で、喧嘩両成敗で決着をつけてはいけないと考えています。
　やんちゃな子がおとなしい子に手を出し、やられた子がやりかえしたので、喧嘩になったとします。こうした場合、
「どっちも手を出したんだから、両方よくないね。はい、仲直り」
　と無理やり握手をさせていないでしょうか。
　最初に手を出した方が絶対的に悪い、という判断基準を教師が示さないと、こうした事態はますます増えていくだけです。やんちゃな子に対して、手を出してはいけないということをきちんと教えるのです。
　宿題を忘れた二人の子がいた場合で考えてみます。A君はいつもはきちんとやってくるけれど今日はたまたま忘れてしまい、B君はいつも宿題を忘れてくると仮定します。
「A君は明日やって持ってきなさい。B君は放課後残ってやってから帰りなさい」
　と教師が言うと、
「なんでぼくだけ…。A君だって忘れたのに。えこひいきだ」
「A君は、いつもきちんと宿題をやってきます。B君とは貯金の量が違います。だから同じではないのです」
　と、判断の基準を毅然と示します。
　叱る基準を曖昧にして、時と場合によって違う判断をしてしまうと、

子どもの中に教師の判断に対する不信が蓄積し、信用されない状態になっていきます。

　叱る指導が子どもたちに入っていくのは、こうしたぶれない基準が必要です。

　のちほど、菊池学級の子どもたちが「叱る」ことと「ほめる」ことについて考えていたことを紹介しますが、いずれにしても、私の叱り方は、それまでに出会った先生たちとは違うという感想をもっていたようです。

■「叱る」と「ほめる」―教師の見る目

　こうした原則に加え、叱ることが子どもの成長を促していくためには、日常的にほめられることによって、子どもたちが「成長」を意識するようになっていることが大切です。

　毎日「成長」を意識して学校生活の中で、自分の負の現象に対して、それを正すプラスの価値付けをするという叱られ方をして、「受容→反省→謝罪→改善→感謝」のプロセスを経て、さらなる成長をしていくことができるのです。

　つまり、叱ることとほめることは、子どもを成長させる指導の表裏の関係にあるのです。

　その意味で、私は冒頭で、
「叱るとは、負の現象からそれを正してプラスの価値付けをして、本人の成長を促すこと」
と定義したのです。

　私は、誰かをほめることで、別の子を間接的に叱るということをよくします。
「立派な姿勢ですね。皆さん、Ａさんに拍手」
とＡさんをほめることで、姿勢のよくなかったほかの子どもの姿勢を間接的に叱り、本人が叱られることで正すのでなく、周りがよくなっていくことで、集団の中の一人ひとりがよくなっていくという道筋に則った指導を行うのです。

「ほめなくてはいけない」とか、「叱ることもしないといけない」という発想自体に私は違和感を覚えます。
　変容を見ようとせず、結果だけを見てしまうことに陥っているのではないでしょうか？「叱る」も「ほめる」も子どもの変容を促すための行為なのですから、
　「ほめるばかりで叱ることはしないのですか？」
　とか、
　「叱らないで、ほめてばかりいたら、子どもは調子に乗ってしまうのではないですか？」
　という問いかけ自体がいかにおかしなものであるか分かっていただけるはずです。
　繰り返しますが、目の前の子どもの負の現象からそれを正してプラスの価値付けをして、本人の成長を促すために叱り、目の前の子どもの価値を発見して伝えるためにほめるのです。教師の行為が先にあるはずはありません。
　「子どもを立派な人間に育てよう」という強い思いをもって、教師は子どもと向かい合い、場面に応じた必要な指導をするのです。

■菊池学級の「ほめる」と「叱る」

　菊池学級の子どもたちが、私が教室でした「ほめること」「叱ること」について、どのように受け止めていたかを、事実の記録の中から見てみます。
　以下は、教師向けのセミナーに参加した子どもたちが、セミナーの中で発言したり、そのあとのインタビューの中で答えたりしたものからピックアップしました。すべての内容は、動画として、「ＤＶＤで観る 菊池学級の成長の事実」(中村堂)に収録されています。話し言葉そのままの記録ですので、分かりづらい部分が少しあるかもしれません。どうぞ、実際の動画をご覧いただけたらと思います。

●参加者からの「自分が変わったきっかけについて教えてください」との質問に対する答え。

元山：えっと、私が成長しようと思ったきっかけは、4月の初め頃に、まあちょっと悪いことして菊池先生に怒られたんですよ。それで、ほかの先生のときだったら、あの、「あなたが悪いんでしょ、誰が悪いの？」って聞かれて、「あーまた私が悪いんだー」、「どうせ私が悪いんでしょ」みたいな感じで思ってたんですけど、先生に怒られたときに、先生はいい意味で周りを巻き込んで怒るんですよね。その、どう悪かったっていうのを、ほかの人からも聞かせてくれるんですけど、そういうので自分は、あ、こう思われてたんだっていうことに気付けて、こういうのが悪かったんだっていうのに気付けたんですよね。それで、今考えたらちょっと悪い考えなのかもしれないんですけど、それで成長できたっていうのが、周りが変われば自分も変われるんだって思ったんですよね。

　それで、だったら、自分も「一人も見捨てない」に少しつなげるんですけど、私が変わって、みんなが変わればいいなって思ったのがあって、そこで先生に怒られたときには、ほんとうだったら、さっき言ったみたいな感情だったと思うんですけど、みんなに言われて、ああ私もちゃんとして、元山さんみたいな人になりたいって逆に思われるようになろうって言って、少し悔しくなったので、それでそこから成長しようと思って、今があります。

【注】「怒る」と元山さんは表現していますが、意味は私の考える「叱る」です。

●セミナーの中で行われた大人と子どものグループ対話の内容。テーマは「厳しさ」について。

魚住：あ！はいはいはいはい！えっと、私の、4年生のときと5年生のときの先生がそうだったんですけど、あの、怒るときに、その人が

したこととかって、そのときは、悪いって分かっててもやっちゃうことがあるんですよ。そのときに、いきなり、「なんでこんなこと～」とか、いきなり怒られたら、話したくなくなるんですよ。だから、一度、優しく「なんでこんなことしたの？」とか聞いて、それで、ほんとに悪いかどうかを見極めてから、怒ってくれないと、萎縮します。変に。(中略)
村上：小さなことでも、先生は大きなことに変えられるから、私はそれもがんばってやっていくといいんじゃないかなーって。
魚住：ちっちゃいことを、おおげさにほめられるから…。
村上：だから、小さいことからこつこつ大きくしていくってことは、私はお手本にしてるから、いいと思います。
参加者：今までにいろいろな先生にもってもらったと思うんですけど、菊池先生のこういうところが、今の6年1組をつくってるんじゃないかっていうのを、ズバリ1つ。
村上：えっと、ちょっとマイナスなことをしても、その、先生はすべてプラスのことに変えて、その、次からこうやって頑張っていこうとか、土台を、その人の土台をちゃんとしてあげて、その上の、積み重なってる部分も、先生は補強工事っていうかまあそうやって強く。
参加者：叱るだけじゃなくて？
村上：はい。叱るだけじゃなくて、ほめて伸ばすってこともやってくれます。
魚住：私は、えっと、先生の怒り方なんですけど、あの、さっきの質問で言ったのに付け足しで、あの、なんか怒るときに、いきなりすごいうわーって感じで怒らないで、静かに怒るんですよ。それがすっごい怖いです。だから、怒られたくないです。「こんなことしていました。どう思いますか？」みたいにすっごい静かに怒るんですよ。

●セミナーの中で行われた大人と子どものグループ対話の内容。「菊池先生は、厳しい先生だと思いますか？」という問いに対する答え。

内川：いえ。そんなことはないと思います。もし、ほかの人から見て厳しいと思われていても、その厳しさっていうのは、あの、佐竹さんの質問タイムとか、その感想とかでも言ったんですけど、あのー、厳しさが優しさにもつながると思うので、あの、自分のために厳しくしてるんだったら、それは優しいから言ってるんであって、それを厳しいととらえるのは、あのー、ちょっと、ありがたみが分かっていないのかなーと思います。なので、その厳しさの中に優しさがあるって、いや！

曾根﨑：優しいから、厳しくしてくれるみたいな。

内川：優しくなかったら、かまってもくれないですよね。もうあの。「好きにしとっていいよ」ていうのだったら絶対優しくないですよね？それで自分がよくなるんだったらマシなんですけど、それで自分がよくなるっていうのはあんまりないですよね。だから…ですね。

参加者：あのー、ほかの先生でも厳しい先生っていると思うんだけど、そういう先生と菊池先生で、その優しさが伝わる違いっていうのは、どこで伝わると思う？

内川：えーっと、なんて言うんですかねー。

曾根﨑：最後にほめてくれるところ。

内川：あの、本当に厳しいというか、なんて言うんですかね、「叱る」じゃなくて「怒る」先生の場合は、あの例えば、ぼくが怒られてるときとかは、ぼくの悪いところばかりを言って、

曾根﨑：一方的にただ、その、悪い悪い悪いばっかで。

内川：悪い悪い悪いって言って、じゃあ、その悪いから、悪いから最終的に何が言いたいのかっていうのをはっきりと言ってくれないんですよ。だから、自分のため、その人（子ども）のために怒ってるんじゃなくて、もう自分、もう自分がもうあの、そういう人（子

ども）とは一緒になるのは嫌だからみたいな、そんな自分勝手な理由で、怒っているのとでは、もう、話が違います。
参加者：４年生までの先生は、ほとんどはそういう感じだったのかな？
曾根﨑：そ、えーっと、結構、私にじゃないんですけど怒られる人が多かったんですけど、それを聞いていたら、あんまり、あの、ほめてくれることが少ない、言葉でほめてくれるんじゃなくて、そのーよかった、例えばそうじを頑張ったらシール帳とかにしてほめてくれるから、あんまり伝わりにくいんですよ。
内川：見える化ばかりしても、もう、その見える化をするのは、伝えやすくするため、自分の発言を伝えやすくするため、あくまでもそれなので、見える化だけでしても意味がないっていうことですね。
曾根﨑：ああ、その、見える化、見える化してもいいんですけど、言葉でやった方が、私的には、その言葉に、あ、心にぎゅっとくるみたいな。
内川：それに、あのー、もう５年生までだったら、５年生までっていうか４年生までだったら、もうあの、怒られるのが、叱られるのが、いや、怒られるのが（曾根﨑さん「怖い」）怖いんですね。悪いことばかり言われてしまって、あの、その悪いところをどうすればいいのかってことを言ってくれないんですよ。その手助けもしてくれないで、ただ怒って怒って怒って怒ってで、あの、自分がすっきりするだけで、こっちはもぞもぞもぞもぞしたまんまで残ってくって感じで、もう、そういうのが嫌でした。

　教室における「ほめること」「叱ること」、それぞれの意味を子どもたちは、正しく理解してくれていました。「ほめる」も「叱る」も、教師の行為は、全て「成長」のためのものなのです。

■本書の誕生

　2016年3月27日、菊池道場茨城支部の勉強会の場で、支部として学んでいくテーマについて検討しました。いろいろなテーマが出される中で、「叱る」というキーワードに学びのテーマが収斂していきました。「ほめ言葉のシャワー」や「成長ノート」をシンボルとして実践を重ね、世に問うてきた私にとっても、菊池道場にとっても、冒頭の質問が頻繁に出される状況の中では、必然的なテーマだったのかもしれません。

　「ほめる」ことについても、「『ほめ言葉のシャワー』をしていると、他人からの承認が目的になってしまわないか」という類の質問をいただくことも少なくありません。「ほめる」ことと対比しながら「叱る」ことを考えることは、「菊池実践」の全体像を示すことにもなりますし、とても大きな意味があると思いました。

　こうした経過の中で、この本は生まれました。

　「叱る」ことに関する本は少なくありません。ただ、その多くは、技術、方法の解説が主だったように思います。

　私たちは、「叱る」ことを「価値語（考え方や行動をプラスの方向に導く価値ある数々の言葉）を伝える場」としてとらえ、「叱る指導」との立場で、実践と研究を重ねました。

　約1年の時間を経て、菊池道場茨城支部を中心に、栃木支部、千葉支部、東京支部、長野支部のメンバーによって本書は完成しました。奥付に記させていただきました関東の各支部のメンバーの先生方にお世話になりました。中でも茨城支部の小松勝之支部長には、全体をまとめる役も含め、大変お世話になりました。ありがとうございました。

　今回も、中村堂の中村宏隆社長には、企画段階から編集段階までお力添えをいただきました。感謝いたします。

　「ほめる」ことと「叱る」ことが、対立するのではなく、相互にはたらき合う指導によって、全国の教室で人格の完成を目指した教育が推進されることを願ってやみません。

2017年1月29日

もくじ

「叱る指導」を考える ― 「はじめに」にかえて ……… 2

第1章　こんな叱り方していませんか ……… 17

第2章　菊池道場流「叱る指導」 ……… 25
- 第1節　叱るとは ……… 26
- 第2節　A目的 ……… 33
- 第3節　C土台 ……… 35
- 第4節　B技術 ……… 36
- 第5節　「叱る指導」の心得 ……… 38
- 第6節　教師として ……… 44

第3章　1年間を見通した「叱る指導」 ……… 49
- 第1節　1年間を見通す ……… 50
- 第2節　新年度スタート時 ……… 57
- 第3節　1学期の指導 ……… 63
- 第4節　2学期の指導 ……… 73
- 第5節　3学期の指導　1年後のゴール ……… 80
- 第6節　「正しい叱り方」の基本の形 ……… 86

第4章　叱る指導の実際　教室あるある 89

- ①あいさつの声が小さいとき 90
- ②廊下を走るとき 96
- ③人の悪口を言うとき 101
- ④時間を守らないとき 106
- ⑤物が散らかっているとき　1 111
- ⑥宿題をやらないとき 117
- ⑦同調意見をとるとき 122
- ⑧嘘や言い訳を言うとき 129
- ⑨誰かがやってくれるだろうという考えのとき 134
- ⑩係決めや班決めでメンバーが固定するとき 141
- ⑪字が雑なとき 146
- ⑫全力を出そうとしないとき 151
- ⑬物が散らかっているとき　2 157
- ⑭給食を無駄に残すとき 162
- ⑮失敗を恐れ、挑戦しないとき 166
- ⑯担任以外で態度を変える、
  不在のときに態度を変えるとき 171

《第2章、第3章のおもな参考文献》 178

第1章 こんな叱り方していませんか

第1章 こんな叱り方していませんか

宮内主斗（菊池道場茨城支部）

1 叱って自己嫌悪に陥るけどやめられない

　ついつい、つまらない叱り方をして、自己嫌悪に陥る先生はいるものです。
　そんな先生は、このように思っているのではないでしょうか。
「私だって、好きで叱っているのではありません。でも、叱らなきゃならないことだってあります。だから、仕方なく叱っているんです」
「そうですか。それでは、最近、どんなことで仕方なく叱ったのですか。具体的に教えてもらえますか」
「ええと、この前、A君を叱りました。漢字練習をしている時に、あまりにも字を汚く書いているからです」
「そうですね。汚く書くと汚い字を書けるようになる練習になってしまいますからね。それで、なんと言って叱ったのですか」
「ちゃんと書きなさい！そんな字ではダメです!!!って」
「なるほど、結構きつい言い方ですね。ほかの例を教えてください」
「そういえば、給食当番の仕事になかなか取りかからない子を見つけて、叱りました」
「どんな感じですか。言った言葉を思い出せますか」
「何をやってるんですか！いつまでも取りかからない人は誰ですか!!!って」
「なるほど。きつい言い方ですね。私がそう判断するのは、その言葉を聞いた別の子はそう思うだろうなあと考えるからです」
「でも、優しい言い方をしたら、その子はちゃんと反省しませんよね」
「なるほど、反省をさせたいから叱ったのですね」

「もちろんですよ。それ以外に叱る理由はないです。実際にほめられるようなことをしているわけではないし。ここで叱らないと、この後、その子はよくならないと思います」
「子どもをよくしたいという愛情から、叱っているのですね」
「そうです」
　このように、叱るのは、愛ある行為であるようです。だから、愛を錦の御旗に、なかなか自分の行動を変えようとしません。そのため、いつまでもつまらない叱り方をしてしまうようです。
　この本の読者の皆さんは、きっと、愛情あふれる先生方でしょう。だから、この本を手に取り、自分を高めたいと思うのでしょう。
　安心してください。その目的は、この本によって叶うことになります。
　実は、愛があっても、１年間を見通した方法・戦略がないと、つまらない叱り方になります。でも、愛があるだけに、やめられません。
　今日から、その連鎖を断ち切りましょう。

2　子どもの変化を焦って叱る

　先ほど、漢字練習の字が汚い子を叱る、給食当番になかなか取り組めない子を叱るという例を出しました。
　この２つの例には、共通点があります。
　それは、すぐに子どもを何とかしたいという焦りです。
　漢字を丁寧に書いて練習できてない子を、一言厳しく叱るだけで、何とか改善したい…。
　すすんで給食当番の仕事ができてない子を、一言厳しく叱るだけで、何とか改善したい…。
　動機は、間違っていませんよね。
　では、その結果はどうなるでしょうか。改善されるでしょうか。
　多くの先生方は、経験的にご存じのはずです。
　一度叱っただけでは、絶対に改善しないということを。
　では、二度、三度、四度、五度と叱り続けると、その結果はどうなる

でしょう。

　これも、多くの先生方は、経験的にご存じでしょう。
「喉元過ぎれば熱さを忘れる」という諺が、頭をよぎりませんか。

　言われたその場は何とかやるけど、先生の目が離れると、やらなくなりますね。先生が替わる新年度になると、元の木阿弥。これをリバウンドと言います。

　結局、1年間を見通した方法・戦略をもっていないと、改善につながらないのです。これでは、先生方が、叱って自己嫌悪に陥るわけです。

　叱った後に、子どもたちの成長が見られれば、先生も子どももうれしくなります。こういう関係を、WIN-WINの関係といいます。

　逆に、こういう関係もできます。叱り飛ばせば教師はすっきりするので、WIN。でも、子どもは萎縮するのでLOSE。すると、子どもの行動は改善しないので、教師は叱ったその場ではWINですが後になってLOSE。

　結局、LOSE-LOSEの関係になってしまうのではないでしょうか。

　WIN-WINの関係になるためには、どうしたらよいでしょう。

③ 分からなくてできない場合（相手に寄り添う）

　漢字をていねいに練習させるには、「ちゃんと書くように」と注意したり叱ったりしても、大した効果はありません。

　ちゃんと書けない原因を分析していないからです。まず、分かっているかを調べます。「ちゃんと書くというのは、どういうことなのか」を具体的に分かっているかと思いを馳せます。

　「ちゃんと」という抽象的な言葉は、注意が必要です。具体的にどういうことか、「ちゃんと」を口にする教師は、即答できるよう準備しておきます（意外に、こういうことを「ちゃんと」している教師は少ないように思います）。

・筆順正しく。
・マスの中の4つの部屋のどこに何を書くのかを手本に合わせる。

・とめ・はね・払いを手本通りに書く。

　こういうことが分かっていないようなら、教えます。教えたことができたら、ほめます。

　これは、気持ちの問題ではありません。技術の問題です。技術は、教えてもらって練習して身につけることなのです。叱って気合いを入れても、解決しません。

　サッカーのパスで、いちばん正確に蹴ることができるのがインサイドキックです。一方、子どもが自然に身につけるのは、つま先で蹴るトーキック。これだと、正確性はあまりありません。トーキックしかできない子に、「正確なパスができない」と叱るのは、ナンセンスです。それと同じことです。

　しかし、分かっていた場合には、全く違ったアプローチが必要です。「分かっていてもやらない」という事実を認めさせ、反省を促すプロセスを大切にします。一足飛びに反省させようとすると、失敗します。じわりじわりと納得させながら、進めるのです（第2章以降をじっくり読んでください）。

　最近、私が指導した子は、分かっていなかった子でした。その子は、指導した結果、字がとてもちゃんとしました。

　私が教えたのは、次の通りです。
・指書きをして筆順を確かめること。
・漢字の始筆、終筆の位置を手本で確認してそっくりに書くこと。
・左払いと右払いの鉛筆の動かし方。

　叱る必要はなく、教えてほめて教えてほめて－の繰り返しで改善がなされたのです。

　効果のない叱る指導をやめ、教えてほめて子どもの変化を引き出しました。

　とてもやり甲斐があり、子どもも喜んでくれました。WIN-WINです。

　子どもが分かっていない時には、叱るよりも教えることが大切です。

4 分かっていてやらない場合

　給食当番の仕事は、1年生からやっているわけです。1年生の2学期以降なら、内容が分からないはずはありません。

　多くの場合、「分かっているけどやらない」という状態です。

　この時に、仕事の仕方を教えるのは、意味がありません。分かっているのですから。技術はあっても使っていない状態なのです。

　こんな時には、「やらない」ことの重大さが、分かるように教えることが有効です。

　給食当番の一人が、自分の都合で遅れると、どんなことになるでしょう。これを考える機会をとります。

・時間までに用意して並んでいる給食当番が、無駄な時間を待つことになる。
・クラス全体が、給食を食べるまでに余計な時間がかかってしまう。

　もう少し具体的に考えましょう。

・本来なら、食べ始めて、楽しくおしゃべりしているはずの時間が、「早く○○さん、来ないかなあ」と待つ時間になってしまう。
・ようするに、人の楽しむ時間を奪う行為。

　このような意見が出るでしょう。

　つまり、時間通りに給食当番の仕事をしない行為は、給食当番の仲間、そしてクラス全体の時間を奪う行為です。そして、奪われた時間は、取り戻すことは不可能です。

　こういう重大なことなのですが、一喝しただけで伝わるでしょうか。

　そう考えると、じっくりと気づかせる、諭す、考えさせるというプロセスを踏まないと、伝わらないでしょう。できれば、言葉だけの指導ではなく、板書もしてキーワードを書きながら指導したいところです。これを「ミニ授業」と呼ぶことにします。

　私なら、その場では、その子を叱る指導ではなく、ちゃんとできている子をほめる指導だけしておきます。

　「○○さんは、準備が早いね」

「○○さんも、そうだね。準備が早いと、時間を大切にすることができます」

「○○さんは、早く準備をしただけでなく、黙って待っていますね」

このようなことを、遅れている子に聞こえるような声で言います。当たり前のことを馬鹿にせずちゃんとやっている子を、ほめて評価します。

こうして、できている子をほめることによって、間接的にできていない子を叱ることになります。

その後、時間を取って、前述のミニ授業の指導をします。

指導後は、「時間に遅れるのは、他の人の時間を奪うこと」と「価値語」にします。「考え方や行動をプラスの方向に導く言葉」を価値語と言います。この価値語を確認して、給食の準備に取りかかります。事前に指導すれば、「つい、うっかり」ということは、かなりなくなるはずです。

5 愛情と方法・戦略

教師は、愛情をもって子どもを指導しています。

愛情があるからこそ、目の前の子どもの問題を見て、焦ってしまいます。

「これではいけない。何とかしよう」という焦りです。

だから、ついつい、「どんな方法が効果的か」と1年間を見通した戦略を立てることなく、叱ってしまうことがあります。

大変危険な状況があり、即座に止めなければ怪我の危険があるならば、戦略を立てることなく即指導すべきでしょう。

しかし、多くの場合は、何らかの方法があるはずです。

将棋で勝つには、何手も指さなければなりません。同様に、サッカーでゴールを決めるには、何回もパスをしてボールを回さなければなりません。

子どもの状態を改善してあげたい、反省させて気持ちを一新させたい、そんな時にも一つの手順だけではうまくいかないでしょう。つまり、子

どもの行動を改善するにも、一言二言で叱るだけでは無理です。方法を考え、戦略を立てましょう。

> 子どもの正さなければいけない行為は、
> ・知らないからできていないのか。
> ・知っているけどやらないから、できていないのか。
> その原因によって、よりよい対応を取るようにします。

6　1年間を見通して

　1年間を見通した時、夏休み前は、叱ることが子どもの行動改善に有効な策ではありません。よく失敗する人は、いきなり理想の状態を実現しようとして、どんどんダメ出しをしてしまいます。まずは、子どもをほめることによって、人間関係づくりをすることが大切でしょう。子どもは、人間関係のよい人に叱られると、よりよく変化するものです。

　そのために、叱るより、まずほめます。叱りたくなったら、周りにいるできている子をほめて、間接的に叱ります。こうして、まずは、ほめることで人間関係づくりをしていきます。

　次に、夏休み明け、教師と子どもとのよい人間関係ができたら、少し変化を付けます。

　子どもたちを、もう一伸びさせるために、叱る割合を増やしていきます。とはいえ、ほめる：叱るが1：9になったら、子どもたちとの関係は悪くなるでしょう。6：4ぐらいと思ってください。ほめる、叱るの両方を活用して、理想の状態に近づけていきます。

　そして冬休み明けには、再びほめる割合を少し多くして、伸びたことを認め、定着させていきます。次の年度、リバウンドしないように。

　さあ、詳しくは、第2章以降をお読みください。

第2章 菊池道場流「叱る指導」

第2章 菊池道場流「叱る指導」

❦ 第1節 叱るとは

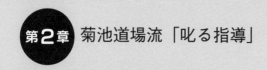

　右の図を見てください。
「怒る」「叱る」「ほめる」を2つのグループに分けます。①②のどちらで分けますか？

```
怒る
-------------①
叱る
-------------②
ほめる
```

　ほとんどの子どもは、②で分けるでしょう。
　しかし、菊池道場では①で分けます。
　この分け方は、菊池道場流「叱る指導」の本質を表しています。
　では、「叱る」と「怒る」、「叱る」と「ほめる」について考えてみましょう。

■「叱る」と「怒る」

「叱る」と「怒る」について、それぞれ一文で表してみましょう。

　「叱る」は、理性的、相手本位、1年間を見通した指導。
　「怒る」は、感情的、自分本位、その場しのぎの指導。

　菊池道場ではこう考えています。
　「怒る」や「怒られる」には、あまりいいイメージがない…という人が多いと思います。
　怒る側は、後で冷静になった時に自己嫌悪に陥る…。
　怒られる側は、自分を否定されたように感じて嫌な思いをする…。
　結局、お互いにとってプラスになったということは稀でしょう。
　もちろん、「怒る」ことも時には必要です。

しかし、毎日のように子どもたちを怒っているとすれば、自らの指導について一度振り返る必要があるかもしれません。
　また、それほど強く指導したわけでもないのに、子どもたちはよく「先生に怒られた」と言います。
　これは「叱る」と「怒る」の区別がついていないためです。
　まずは、この2つの違いについて子どもたちに指導する必要があります（第3章第3節参照）。

■「叱る」と「ほめる」
　「叱る」と「ほめる」について、一文で表してみましょう。

> 「叱る」も「ほめる」も子どもたちを育てるための指導

　菊池道場ではこう考えます。
　「ほめるのは得意だけど、叱るのは苦手だなあ」
　「叱ることはよくあるけど、ほめるのは照れるんだよなあ」
　様々な声が聞かれます。
　「叱る」と「ほめる」、どちらがよいのでしょうか。
　結論から言うと、子どもたちを育てるためにどちらも必要です。
　私たちは教育のプロとして、「叱る」と「ほめる」の両方を使いこなしましょう。
　さらに言うならば、「叱る指導」は子どもたちのマイナスをゼロに戻す指導ではありません。
　マイナスからプラスへと育てるための指導なのです。
　そう捉えると「叱る指導」が変わっていくはずです。

■「叱る」と「ほめる」はセット
　現在、菊池先生は全国を回って講演や授業を行っています。
　特に授業では、子どもたちと顔を合わせる機会がその1時間限りとい

う飛込授業が多いようです。

そのため、菊池先生は「叱ったままでは終われない」という覚悟をもって授業に臨んでいます。

「叱る指導」は、ほめることでようやく完結するのです。

叱って終わりでは、教師として無責任です。

その後の変容を必ずほめるのです。

なぜなら、叱るのは成長のためだからです。

叱られ続けて成長する子どもはほとんどいないでしょう。

叱った後の変容をほめることで、「よいところも悪いところも、この先生は本当によくみてくれている」と子どもたちは納得するのです。

■ピンチはチャンス

菊池実践における価値語に「ピンチはチャンス」があります（価値語の具体例は『価値語100ハンドブック』（中村堂）を参照）。

例えば、学級会のドッジボールで仲間外れが生じたとします。

この場面を「なんでこんな楽しいときに」とマイナスに捉えるか、「指導するチャンス」とプラスに捉えるかで対応が変わります。

このような場面は、「指導するチャンス」とプラスに捉えましょう。

なぜなら、それは実体験に基づく指導となり、生きた教材として子どもたちを育てるからです。

こういう場面に遭遇したら、授業を後回しにしてでも指導をすることも大事です。

■布石を打つ

時には、指導する場面を意図的に仕組むこともあります。

子どもたちの成長が停滞し始める頃を想像してください。

例えば、率先してごみを拾う子どもがいつも同じような場合、教師がわざとごみを落としておきます。

そして、いつもと同じ子どもがごみを拾った場面を取り上げます。

「ごみを拾う人がいつも同じなのはなぜですか？」と気づかせるのです。
　布石を打つことで、成長する機会を数多くつくり出すのです。

■叱り方の種類
　悪い行動を正し、子どもたちを育てる行為には、どんな行為があるでしょうか。
　気づかせる、諭す、注意する、肩に触れる、考えさせる、目を合わせる、表情を変える、声のトーンを変えるなど、様々な行為があります。
　菊池道場では、公の社会で認められないような悪い行動を正し、子どもたちを育てる行為を「叱る指導」と考えます。
- 「先生は残念です…」と静かに語りかける指導
- 本気で子どもたちのことを考えて涙する指導
- 授業中よそ見をする児童の肩にそっと触れる指導

　子どもたちの行動が正されて成長するのであれば、それは立派な「叱る指導」です。
　そう考えると、叱ることが苦手という先生も、少し肩の荷が下りるのではないでしょうか。
　もちろん、大きな声を出す指導（怒りの感情を出す指導）も、「叱る指導」になり得ます。
　それには、子どもたちの行動を正して育てるという意識をもって、戦略的に怒りの感情を出すことが大切です。

■「ほめる」と「叱る」は表裏一体
　実は、「ほめる」ことは「叱る」ことでもあります。
　例えば、背筋がピンと伸びている子どもをほめたとします。
　すると、背筋が曲がっていた子どもたちの背筋がピンとなります。
　ほめることで正しい行動の基準を示した結果、悪い行動を取っていた子どもたちの行動が正されたのです。
　つまり、背筋がピンと伸びている子どもをほめると同時に、それ以外

の背筋が曲がっていた子どもたちを叱ることにもなっているのです。
　このように「ほめる」と「叱る」は表裏一体です。
　このことを意識すると、精神的にゆとりをもって１学期に臨むことができます。

■ＭＦＣ
　ＭＦＣとは、指導における教師の役割を表しています（『学級崩壊立て直し請負人』（新潮社）参照）。

> Ｍ…Mother の頭文字。母性。受容的な部分。ほめる。
> Ｆ…Father の頭文字。父性。規律的な部分。叱る。
> Ｃ…Child の頭文字。子どもらしさ。無邪気な部分。遊ぶ。

　これまでは、同じ学年の先生方で役割を分担することもできました。
　しかし、今日では少子化により単学級が増えてきています。
　学年の先生方で役割分担ができないため、教師一人ひとりがＭＦＣの役割を使い分けることが求められています。
　ＭＦＣの役割を一人で担うと、Ｆの「叱る指導」の効果が増すメリットがあります。
「廊下を走って叱られたのは、Ａ先生が厳しいからだ。Ｂ先生は優しいから、Ｂ先生の前なら走っても叱られない」ということがなくなります。
　つまり、同じ先生が「叱る指導」とほめる指導で行動の基準を示すので、子どもたちが納得するのです（基準がぶれないことが大前提）。

■Ｆ（父性）の必要性
「厳しく叱ると学校を休まれるからなあ」
　学校現場で聞かれる声です。
「厳しく言って家出されたら困る」
　家庭で聞かれる声です。

「厳しく指導すると会社来なくなるからなあ」
　公の社会で聞かれる声です。
　こうして腫れ物に触るように育てられた子どもたちは、幸せで豊かな人生を歩めるでしょうか。
　学校現場、家庭、公の社会。
　責任のなすりつけは、子どもたちを幸せにしません。
　それぞれがやるべきことをやりましょう。
　私たち教師には、公の社会では認められない行動をとる子どもたちを指導して育てていく責任があるのです。
　林道義氏は「子どもに社会のルールを教えるのも父性の大切な役割である」と述べています（『父性の復権』（中公新書）参照）。
　社会のルールを教えることが、子どもたちの幸せにつながります。
　プロの教師として誇りをもって指導にあたりましょう。

■アドラー心理学との考え方の違い

　アドラー心理学では、ほめるでも叱るでもなく「勇気づける」大切さを主張しています。
　ほめる行為や叱る行為は、上下関係のもとで成立するので好ましくないという立場です（『アドラー心理学入門』（ベストセラーズ）参照）。
　しかし、菊池道場流「叱る指導」は考え方が異なります。
　教育の目的（本章第2節参照）の実現には、「叱る指導」が大切であり、指導する側と指導される側という関係が欠かせないからです。

「たまにはヨ、叱ってみろよ大人たち」
　これは、ある高校生たちが投票で選んだダントツ1位の川柳です（『子供を叱れない大人たちへ』(実務教育出版) 参照）。
　小学生と高校生という年齢の違いはありますが、やはり子どもたちは大人にはしっかり叱ってほしいと思っているのです。

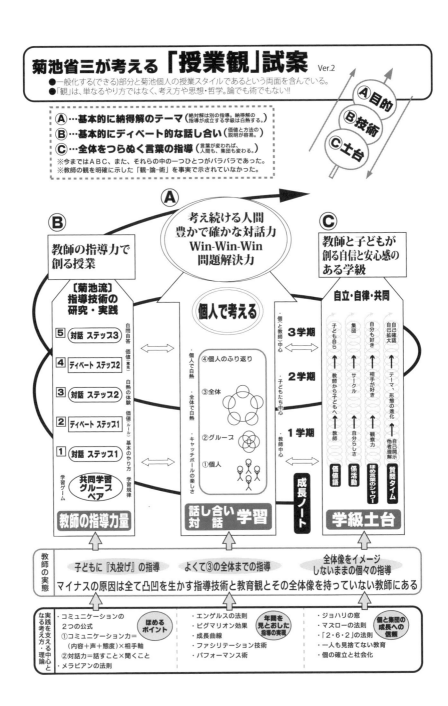

第2章 菊池道場流「叱る指導」

♣第2節　A目的

小松勝之（菊池道場茨城支部）

■何のための教育か

あなたは何のために教育をしていますか？
そもそも私たち教師は、何のために教育しているのでしょうか。

> 公の意識と自己内責任をもった人間を育てるため

このように、菊池道場では「公の意識」と「自己内責任」の育成を大切に考えています。

教育の目的は法律で定められています。

> 教育基本法第一条（教育の目的）
> 教育は、人格の完成を目指し、平和で民主的な国家及び社会の形成者として必要な資質を備えた心身ともに健康な国民の育成を期して行われなければならない。

ここでいう「社会の形成者として必要な資質」とは何でしょうか。
それは「自己規制と義務」であると、当時の伊吹文明文部科学大臣が答弁しています（参議院会議録情報を参照）。
この「自己規制と義務」について、もう一歩踏み込んで考えてみましょう。

■メタ認知が「公の意識」を生む

　なぜ「自己規制」が必要なのでしょうか。

　それは、集団のためです。

　一人ひとりが好き勝手に生きていては、集団が成り立ちません。

　つまり、「公」のために自己規制が必要なのです。

　この「公の意識」を育てるためには、メタ認知が必要です。

　メタ認知とは、自分自身を客観的に捉えることです。

「今の私の言い方で、友達はどう感じたかな」

「ぼくのあいさつは、みんなを元気にできたかな」

　このように、メタ認知ができるようになると、周りのために行動できる「公の意識」をもてるようになります。

■自己効力感が「自己内責任」を生む

「義務」と似た言葉に「責任」があります。

　菊池道場流「叱る指導」では「自己内責任」を育てようとしています。

　これは、環境やある出来事に対して「自分に責任がある」「自分で何とかしよう」というように、自分の責任として行動する力のことです。

　この「自己内責任」を育てるには、自分はできるという自己効力感がベースとなります。

　子どもたちの自己効力感を高めるために、叱咤激励するＦ（父性）の役割と、ほめて認めるＭ（母性）の役割を使い分けて指導します。

　自己効力感が高まると、今の状況で「自分には何ができるだろうか」と考えるようになるのです。

■人間を育てる

　このように考えると、立派な子どもを育てようとしているのではありません。子どものレベルを超えています。

　菊池道場では社会や国を支える立派な「人間」を育てようとしているのです。

第2章 菊池道場流「叱る指導」

❦第3節　C土台

小松勝之（菊池道場茨城支部）

■子どもたちとの関係づくり

　「叱る指導」は大切ですが、厳しい指導のみで充実した1年間を過ごすことは難しいでしょう。厳しい指導のみでは、次の年に学級崩壊というリバウンドが待っているのは目に見えています。

　厳しさが伴う「叱る指導」が最大限に効果を発揮するには、その土台となる教師と子どもたちとの関係づくりが必要です。

　菊池道場では4月最初の子どもたちとの出会いを大事にします。

　まずは、徹底的に子どもたちをほめます（第3章第2節を参照）。

　また、ほめ言葉のシャワーや成長ノートなどで、年間を通して子どもたちをほめて認めていきます（第3章第3節を参照）。

　このように、ほめる指導によって「この先生は自分のことをよく見てくれている」という安心感と信頼関係をつくります。

■安心感のある学級づくり

　高学年にもなれば、あいさつの大切さは分かっています。でも、元気なあいさつができないことが少なくありません。「やるべきこと」を知っても、「やれない」のです。それは、友達にバカにされるからです。

　「あいつ、なんで頑張っちゃってんの？」「調子に乗るなよな」

　お互いを責めて傷つける関係の中では、目立つ行動は禁物です。

　つまり、教師と子どもたちとの関係づくりに加え、正しい行動を取れるような安心感のある学級づくりを進める必要があるのです。

　そこで菊池道場では、ほめ言葉のシャワーやコミュニケーションゲームなどを通して、安心感のある学級づくりをしています。

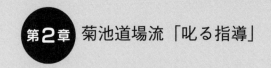

第2章 菊池道場流「叱る指導」

♣第4節　B技術

小松勝之（菊池道場茨城支部）

■言葉で人間を育てる

　私は時々、子どもたちに次のように言われます。
　私「～するといいと思います」
　子「先生、言い切りましょう」
　私「…ごめんなさい。～しましょう」
　「言い切る」という言葉は、私が子どもたちに日頃言う言葉です。
　教師がよく使う言葉を、子どもたちも使うようになったという経験は先生あるあるだと思います。…先生あるあるです。

> 教師は自分が使う言葉に最大限の注意を払うべし

　教育は、何によってなされるでしょうか。
　それは「言葉」です（特別な支援を要する場合を除く）。
　つまり、教師の言葉が教育の是非を決めるのです。
　そこで、菊池道場では徹底的に言葉にこだわります。
　次に述べる「価値語」指導もその1つです。
　司馬遼太郎氏は、語彙力が貧困な場合、「その人の精神生活は、遠い狩猟・採集の時代とすこしもかわらないのである」と述べています（『十六の話』（中央公論社）参照）。
　21世紀を生きる子どもたちがより豊かな人生を歩めるよう、価値ある言葉を教えていきましょう。

■価値語

　価値語（考え方や行動をプラスの方向に導く言葉）指導により、価値のある行動とそうでない行動が明確に分かります。
「分かる」とは、区別（分ける）からきていると言われます。
　言葉を1つ獲得するということは、今まで曖昧だったこと（気持ち・出来事・概念など）が1つ明確になるということです。
　数多くの言葉を得て、数多くのことが明確になった子どもたちが「何だかムカつく」と言うことは減っていくでしょう。

■言葉は実体験を求める

　例えば、背筋を伸ばす「立腰」という価値語を指導したとします。
　すると、子どもたちは「A君、立腰だよ」と背筋を意識し始めます。
　子どもたちはそれに合う実体験を求めるようになるのです。
　この価値語を常に子どもたちに意識させるため、写真を使って掲示物を作ることもあります（第3章第6節参照）。

> 言葉が変われば考えが変わる。　考えが変われば行動が変わる。
> 行動が変われば習慣が変わる。　習慣が変われば人格が変わる。

　人間は言葉を使って考えます。使う言葉がプラスの言葉であれば、プラスの考えや行動になるのです。そう考えると、悪い行動を止めさせるだけの指導は、対症療法に過ぎないことが分かります。
　例えば、廊下を走る児童に「廊下は歩きなさい」と指導します。
　これでは表面的な現象を指導しただけで、その根本となる言葉や考えを改善したことにはならないのです。
　そこで、なぜその行動がよい（もしくは悪い）のかという価値について、言葉で考えさせる指導が必要なのです（本章第5節参照）。
　このように、言葉（価値語）→考え（価値観）→行動・習慣（現象）→人格（人間）を育てていくのです。

第2章 菊池道場流「叱る指導」

❀ 第5節 「叱る指導」の心得

小松勝之（菊池道場茨城支部）

■正しい叱り方

　野口芳宏先生が提唱している「正しい叱られ方」は、子どもからの視点です（『野口流　教師のための叱る作法』（学陽書房）参照）。
　菊池道場では、教師からの視点で考えた「正しい叱り方」に沿って実践しています。
「正しい叱り方」には5つのステップがあります。

①気づかせる　②諭す　③考えさせる　④分からせる　⑤育てる

　詳しくは、第3章第6節を参照してください。

■正しい叱られ方

　子どもたちは、叱られ方に正しい方法があるということに驚きます。
　叱られることには、マイナスのイメージがあるからです。
「正しい叱られ方」という言葉には、叱られる行為をプラスに捉える語感があります。
　つまり、成長に結びつけるプラスのこととして捉えているのです。
「正しい叱られ方」には5つのステップがあります。

①受容　②反省　③謝罪　④改善　⑤感謝

　以下のステップの（　）には低学年でも分かる言葉を記しています。

①受容（うけいれる）

　まずは、自分のしたことをありのままに受け容れる段階です。

　嘘やごまかしを言う子どもは、受容ができません。

　この受容には、叱られる本人が納得していることが必要です。

②反省（ふりかえる）

　自分の行動について「どこが悪かったのか」を振り返ることです。

　相手にかけた迷惑だけではなく、自分への影響を考えさせるとより効果的です（メタ認知）。

③謝罪（あやまる）

　ここでようやく謝罪です。自分の行動を冷静に振り返って納得できれば、子どもは心から謝罪します。

④改善（あらためる）

　成長につなげるために「どうすれば良かったか」を考えさせ、発表させます。自分の言葉で発表するので「自己内責任」を育みます。

⑤感謝（ありがたいとおもう）

　これは大人でも難しいです。

　「人と意見を区別する」ことが大事です。

　自分に厳しい意見を言う人の全てが、悪い人間ではありません。

　自分に厳しい意見を言う人を味方にできれば、その人間はどんどん成長していくでしょう。

≪「正しい叱り方」と「正しい叱られ方」≫

正しい叱り方（教師）	正しい叱られ方（子ども）
①気づかせる	①受容
②諭す	②反省
③考えさせる	③謝罪
④分からせる	④改善
⑤育てる	⑤感謝

※厳密に1対1の対応とはならない。

■「正しい叱られ方」の授業のタイミング

　まず、教師と子どもたちとの信頼関係が、ある程度築かれていることが必要です。

　菊池道場では「正しい叱られ方」の授業を、1年間を見通した上で最も重要な授業の1つと捉えています。

　子どもたちの心のコップが上向きになっている素直な状態で、この授業を行うべきです。

　例えば、次のようなタイミングで実施します。

・一度叱ったにも関わらず、同じ過ちを繰り返した時
　　（特別な配慮を要する児童生徒の場合は除く）
・子どもたちが「叱られても仕方ない」と過ちを自覚している時

「正しい叱られ方」は高学年のみならず、低学年でも有効です。

　受容や反省などの言葉を分かりやすくすることで十分に理解できます。

　具体的な指導については、第3章第3節を参照してください。

■理不尽な叱り方をしない

　私たち教師はつい「言い訳せずに謝りなさい！」と言ってしまいがちです。

　これでは、子どもたちには不満が残ります。

　不満をもちながら謝罪をしても、あまり効果はありません。

　なぜ、このような指導をしてしまうのでしょうか。

　それは「叱る指導」に時間をかけられないからです。

　教師は本当に多忙です。

　私たち教師は、授業や行事に追われ、休み時間や給食の時間も休むことはできません。

　しかし、1年間を見通すと「叱る指導」に時間をかけようと思えるのです。

> 「正しい叱られ方」で成長する子どもたちは、次第に学習スピードが上がり、トラブルも自分たちで解決するようになっていく。

　叱られたことを素直に受け入れるようになった子どもたちは、成長を加速させます。
　休み時間にも授業の続きを話し合ったり、自分たちでトラブルを解決したりするようになります（第3章第5節参照）。
　万が一「叱る指導」で1学期の学習進度が遅れたとしても、2学期以降で取り戻すことができます。
　子どもたちが育つと、教師の負担が軽くなるだけでなく、時には教師の想像以上の学びをするようにもなります。
　だからこそ、叱る場面を成長のチャンスと捉え、時間をかけて指導することができるのです。

■喧嘩両成敗にしない

A「Bくん、先に叩いちゃってごめんね」
B「いいよ。ぼくも叩き返しちゃってごめんね」
A「いいよ。」

　よくある仲直りの場面です。
　本当は、これはおかしいのです。
　そもそもAくんが叩かなければ、トラブルは起きなかったでしょう。
　もちろん、叩き返したBくんにも反省すべき点はあります。
　しかし、罪の重さは決して同じではありません。
　手を出したことについては、どちらも悪いです。
　それに加えて、先に手を出したAくんが悪いはずです。
　喧嘩両成敗は子どもたちの不満を生む解決方法であり、納得を生む解決方法ではないのです。
　特に高学年の子どもたちは、喧嘩両成敗では納得しません。

だから、同じ過ちを繰り返すのかもしれません。

ただし、喧嘩両成敗にしない指導では1つ注意が必要です。

先に手を出した子どもを指導しようとすると、「だってBくんだって、去年叩いたよ」と昨年度のことをもち出すことがあります。

そうなっては、もう泥沼です。

だからこそ、4月最初に行うリセットの合意が大切なのです。

リセットの合意とは、「みんなで成長するために、今までの嫌だったことは水に流してリセットしよう」と子どもたち全員で共通理解をすることです。

こうすれば、少なくとも泥沼になることは防げます。

■誰が叱るか

「叱る指導」の効果を大きく左右する要因として、「誰が叱るか」が挙げられます。

つまり「叱る指導」では、教師自身が叱るに値する人間かどうかが問われているのです。

この人間性によって、子どもたちは「この先生の言うことなら正しい」と納得し、素直な心で受容するのです。

もちろん、叱る技術も大切です。

しかし、それ以上に教師自身の人間性を豊かにすることが求められているのではないでしょうか。

教育書に留まらず、様々な世界で活躍する超一流の方々の著書や、NHK『プロフェッショナル　仕事の流儀』などの番組から学んでいきましょう。

参考となる書籍の一部を紹介させていただきます。

●人間性を豊かにする書籍

稲盛和夫『生き方』

P・F・ドラッカー『仕事の哲学』

ジェームズ・アレン『「原因」と「結果」の法則』
●叱る技術に関する書籍
　　有田和正『教え上手』
　　石田淳『行動科学を使ってできる人が育つ！　教える技術』
　　齋藤直美『あたりまえだけどなかなかできない　叱り方のルール』
　　多湖輝『叱り方がうまい親の習慣』

■**少年院の子どもたちのメッセージ**
　最後に、少年院の子どもたちのメッセージを紹介します（『子供を叱れない大人たちへ』参照）。
　教師として考えさせられます。

●小学校の先生に言いたかったこと
　「おとなしい女子だけにニコニコして、男子にはガンを飛ばした」
　「えこひいきしていた、俺だけ嫌われていた。そんなに暴れたわけじゃないのに」
　「いきなり怒るな、わけを聞け」
　「楽しい話をしてほしかった」
　「父さんや母さんの悪口をいうな」
　「わかるまで教えてほしかった」
　「差別をするな、えこひいきするな」

第2章 菊池道場流「叱る指導」

♣第6節　教師として

小松勝之（菊池道場茨城支部）

■教育観・指導観・教師観

　全国の菊池道場で学んでいる先生方は、実に十人十色です。

　バリバリ熱血教師、ほんわかした先生、抜けていて放っておけない先生、クソがつくほど真面目な先生、ビール命の先生。

　しかし、教育観・指導観・教師観においては、菊池道場の先生方にはいくつか共通点があります。

　第4章「教室あるある」にもその一端が見られます。

　ここでは5つの共通点を挙げてみます。

①　子どもたちは伸びると信じ、それを言い続けている。

　今までどんなにやんちゃだった子だとしても「この子は絶対に伸びる」と信じて疑いません。

　なおかつ、それを言い続けるのです。

　こうして文字に表すのは簡単ですが、実行には相当な覚悟が必要です。

　なぜなら、もし子どもたちが伸びなければ、それは「全て自分の指導が悪い」と自己否定せざるを得ないからです。

　また、マイナスの感情を子どもたちの前で出してはいけません。

　例えば、全校朝会でクラスの子の返事が小さかったとします。

　そこで「何で返事が小さいの」と、表情に出してはいけないのです。

　その時に「普段から指導してこなかった自分が悪い」と考え、むしろ「指導してこなくてごめんね」と思えるかどうかです。

　全ての子どもたちを伸ばす、一人も見捨てない覚悟。

　その覚悟は必ず子どもたちに伝わります。

②　指導する内容を自分も実践している。
　子どもたちはよく観ています。
「元気なあいさつをしなさい！」と指導する、先生自身のあいさつを。
　率先垂範の姿勢が問われているのです。
　叱られた子どもたちが「いつも元気なあいさつをする○○先生が言うんだから、元気にあいさつしよう」と納得するような姿を見せるのです。
　言行一致の態度を観て、子どもたちは納得して改善するのです。

③　学び続けている。
「勉強は大事です」と指導する先生自身が学んでいるか。
　本を読んでいるか。
　新聞やニュースに接しているか。
　知識が豊富か。
　それらは、授業中の言葉や休み時間の雑談ににじみ出ています。
　時には「先生ね、土曜日に勉強会に行ってこんなことを学んできたんだ」と正直に言うのもいいでしょう。
「先生でも勉強するんだ」と言われたらしめたものです。
　また、アクティブ・ラーニング、プログラミング教育、ＩＣＴ教育などの教育界の新しい流れを学ぶことも大切です。
　しかし、教師、いや人間としてそれ以上に大切なことは何でしょうか。
　それは、学び続けるという、今も昔も変わらない不易の姿勢なのです。

④　過ちを素直に認めている。
　その一方で、子どもたちは完璧な先生を求めてはいません。
　分からない時には、「分かりません」と言える教師。
　間違えた時には、「間違えました。ごめんなさい」と謝れる教師。
　②にもあるように、「過ちは素直に認めることが大事」と指導するのであれば、教師自らもそうあるべきです。

⑤　得意技や、必ず伸ばせる指導技術を最低1つはもっている。

　これは教育のプロとして必要です。

　得意技は、ギター、スポーツ、絵、物真似など何でもいいでしょう。「この先生、スゴい！」と思ってもらえたらバッチリです。

　加えて、計算指導や縄跳び指導などで「分かった！」「できた！」と伸びた事実を生み出す指導技術をもっていること。

　そうした事実が、叱る基準の3つ目「教師（大人）に対するリスペクト」を得ることにつながります（第3章第2節参照）。

■リバウンドを防ぐ1つの手段

「1年間必死でがんばっても、次の年に崩れるんだよね」

　多くの先生の悩みです。

　翌年に崩れるいわゆる「リバウンド」を防ぐ1つの手段として「感化」があります。

　人間は弱い存在です。

　私たち大人ですら楽な道、楽な道へと進んでしまいます。

　子どもたちなら、なおさらでしょう。

　そこで有効なのは、子どもたちの中に圧倒的な存在（あこがれ・規範・模範）をつくることです。

「〇〇先生ならどう言うかな」

「こんなことしたら〇〇先生に叱られるな」

「きっと〇〇先生ならこんなふうに行動するだろうな」

　そう思われるような、圧倒的な存在を子どもたちの中につくります。

　この感化は「圧倒的な」がポイントです。

　その先生が出張で不在だろうが、さらにはその先生のクラスでなくなろうが、よい影響を与え続ける圧倒的な存在です。

「学ぶ」は「真似ぶ」が由来とも言われます。

　子どもたちの真似るべき存在、憧れの存在として「感化」する教師を目指しましょう。

■悩みながらも前に進む人間

　あなたはなぜ教師になったのでしょうか。
「子どもが好きだから」
「教えることが好きだから」
「子どもの成長する瞬間に関われることがやりがいだから」
　その一方で、子どもたちとは関係のない（ように思える）雑務に追われる多忙な日々。
　そうした現実を前に、自分の理想をつい忘れがちになってしまいます。
　この本を手に取ってくださった方は、現状を変えたい、もっと子どもたちを伸ばしたい、と向上心にあふれる先生方でしょう。
　学級経営、教科指導、学校に関することで悩みがないという先生はいません。
　悩んだ時には、全国にある菊池道場に跳びこんでみてください。
　Facebookで「菊池道場」と検索すると出てきます。
　そこには、温かく熱い仲間が待っています。
　ともに学びましょう。
　そして、そのように悩みながらも前に進む先生の覚悟を、子どもたちは本能的に感じるはずです。

第3章 1年間を見通した「叱る指導」

第3章　1年間を見通した「叱る指導」

♣第1節　1年間を見通す

野尻和幸（菊池道場茨城支部）

　授業や学級経営、そして「叱る」ことと「ほめる」こと。全ての教育活動は1年間を見通しているからこそ一貫したものとなり、大きな成長をもたらします。

　では、1年間という期間をどのように見通していけばいいのでしょうか。

■「子ども」と「教師」の1年間の見通し
○成長曲線

　菊池道場流の指導では、4月当初に1年後のゴールについて考えさせるために「成長曲線」を提示します。成長曲線はクラスによって多少表現が変わりますが、本質的には以下の2つの道です。

> A…やるべきことをやり、友達と切磋琢磨して互いに成長し合う道
> B…何も考えずに一日一日を過ごす道

　この2つの道を示し、どちらの道を進んでいくのかを決めさせます。学級の節目で提示して、学級のあるべき姿を考えさせます。教室に成長曲線のポスターを掲示しておくと、授業の合間でも確認することができます。このように、教師と子どもたちが同じゴールに向けて進んでいくことを確認します。

○学級目標
　1年後どんな学級になっていたいか。それを具体的に言葉で表したものが学級目標です。

> 学級目標　＝　1年後の学級の姿

　では、学級目標を考える際、どんな言葉が並ぶでしょうか。多くの場合は、ただ子どもたちに投げかけるだけで、深く考えずに「仲良く」「元気よく」など、1年後を見据えたものになっていないのではないでしょうか。

> 学級目標　＝　子どもたちの考える1年後の姿
> 　　　　　＝　教師の願う子どもたちの1年後の姿

　学級目標は、場合によっては4月に決まらないこともあります。教師と子どもたちとの縦糸が結ばれていないのであれば、5月以降でも構いません。大切なのは、子どもたちが「納得」し「自分たちで」決めることです。

■「教師」の1年間の見通し
○各学期での指導イメージを具体的にもつ
　ほとんどの教育活動は教師のはたらきかけでなされます。だからこそ、教師が1年間でどのような指導をしていくかを具体的にイメージする必要があります。

○一年間を見通した「叱る指導」

	1学期	2学期	3学期
ほめる：叱る	8：2	6：4	8：2
個と全体のバランス	個＞全体	個＜全体	個≧全体
指導内容 実践内容	・子どもの背景を知る ・キーパーソンをほめる ・正しい叱られ方の授業 ・縦糸（教師と子ども） ・横糸（子どもと子ども） ・子どもとの関係をつくる	・群れから集団へ ・行事（非日常）での成長 ・指導の繰り返し ・子どもたちを眺める	・子どもによる問題解決 ・リバウンドを防ぐ指導 ・他律から自律へ ・個に戻す ・子どもたちを眺める
	ほめ言葉のシャワー ───────────────────────→		
	価値語指導 ────────────────────────────→		
	成長ノート ─────────────────────────────→		
	成長を実感させる ──────────────────────────→		
あるある16選	①あいさつの声が小さいとき ─────────────────────→		
	②廊下を走るとき ───────────────────────────→		
	③人の悪口を言うとき ────────────────────────→		
	④時間を守らないとき	⑩係決めや班決めでメンバーが固定するとき	⑯担任以外で態度を変える、不在の時に態度を変えるとき
	⑤物が散らかっているとき1	⑪字が雑なとき	
	⑥宿題をやらないとき	⑫全力を出そうとしないとき	
	⑦同調意見をとるとき	⑬物が散らかっているとき2	
	⑧嘘や言い訳を言うとき	⑭給食を無駄に残すとき	
	⑨誰かがやってくれるだろうという考えのとき	⑮失敗を恐れ、挑戦しないとき	

■ 1学期（個＞全体）
○ほめる：叱る＝8：2
　1学期は学習規律や生活上の規律を整えていく時期です。規律を整える際、みなさんはどうしているでしょうか。菊池道場流の指導では、ほめることで規律を整えていきます。例えば、教室でのやり取りを例に挙げてみましょう。
教師「○○だと思う人は、全員手を挙げてください」
教師「Cさんの手の挙げ方は素晴らしいね。若竹のようにピンと天井に伸びているね。手の挙げ方にCさんの気持ちが表れています」
　すると、手を挙げていた多くの子どもたちの手がピンとしました。
　ほめることでどのように行動することが正しいのかを子どもに示していきます。もちろん、叱ることで規律を整えていくのも一つの手段です。しかし、子どもの受け止め方は違ってくるはずです。人間誰しも、叱られるよりほめられたいものです。ほめることで規律を整えていきます。

○子どもの背景を知る
　1学期は、個に対する配慮にも心を配ります。これは、教師と子ども、子どもたち同士がまだつながっていないためです。子どもたちは多くの悩みや葛藤を抱えて生活しています。そういう一人ひとりの背景や思いを汲み取って指導していきます。さらに大切なのは、教師が子どもとの豊かな関係性をつくっていくことです。
　また、子どもたち同士のつながりを考えた指導を行い、横の結びつきを強くしていきます。例えば、「ほめ言葉のシャワー」などです（第3章第3節参照）。
　このように、1学期は、学級全体よりも個に対する意識をより強くもつことで2学期への指導につなげていきます。

■ 2学期（個＜全体）
○ほめる：叱る＝6：4

ほめる指導が中心であった1学期に対して、2学期は「叱る指導」の割合が少し大きくなっていきます。これは、教師と子どもたちの結びつきが1学期で深まっているからです。関係性ができているからこそ、「叱る指導」が子どもたちの成長につながります。教師との信頼関係や安心できる学級を土台にして、きっと子どもたちは教師の期待以上の成長を見せてくれるはずです。

○「群れ」を「集団」にする
　価値語の中に「群れから集団になる」があります。

> 群れ　…　自分の考えをもたずに周りに合わせる、特に目的をもたない集まり。
> 集団　…　一人ひとりが意見をもち、成長という目的をもった集まり。

　学年が進むにつれて、群れて行動しようとする姿を多く目にします。なぜ群れるのか。それは、一人でいると不安だから、自分の行動に自信がないから、そして、友達との関係ができていないからです。そういった「群れ」を、強い「集団」に育てていきます。これは「公社会で通用する人間を育てる」ことを第一に考えているからです。学校は社会の縮図であり、公の世界だからこそ、誰とでも仲良くして、誰とでも全力を出して取り組める姿を目指します。

　2学期には多くの行事があります。縄跳び大会や運動会、合唱祭など。つまり、集団としての力が試されるのが2学期なのです。そのため、2学期では集団をより強く意識した指導をしていきます。

　また、1学期では、子どもとの関係をつくることを中心に取り組みます。2学期以降は、少しずつ子どもたちの動きや子ども同士の関係性を、外から「眺める」というイメージになっていきます。

■ **3学期（個≧全体）**

○ほめる：叱る＝8：2

　3学期はほめることの割合がふえていきます。1学期と違う点は「ほめる」内容の質が違う点です。1学期が規律を整えるための「ほめる」であったのに対して、3学期は次年度を見通したより高度なこと、1学期や2学期では見られなかったような子どもの変容に注目してほめていきます。つまり、全体の規律を整えることから、個や集団の質の向上を目指していきます。

　同時に「叱る」割合は減ります。ここでも「叱る」内容の質が変わります。子どもたちが自然に過ごしていては出てこないような高い価値ある行動を、「叱る」ことで身につけさせます。例えば、リバウンドを防ぐための指導です。子どもたちからは「次年度を見越して今から頑張ろう」という意識は出てきにくいです。そこで、「今のままではリバウンドする」と気づかせて叱ることで、より高いレベルの価値語「他律から自律へ」を指導していきます。

○他律から自律へ

　今までの成長が元に戻ってしまう。さらにはマイナスになってしまうことを「リバウンド」といいます。3学期は、次年度の「リバウンド」を防ぐために、子どもたちが「他律」的態度から「自律」的態度になるよう指導していきます。

他律 …	自らの意志によらず、他からの命令や強制で行動すること。
自律 …	他からの支配や制約を受けずに、自分自身で立てた規範に従って行動すること。

　自分の行動を決定するのは自分自身です。つまり、自分の「心」に、行動を決定するための正しい規範がなければいけないのです。子どもた

ちに「自律」的態度が身についていなければ、担任が変わった途端に元に戻ってしまうでしょう。そうならないために、次年度を見越して「他律」的態度から「自律」的態度になるように指導していきます（第4章あるある⑯参照）。

○成長を実感できる3学期に
　1年間を締めくくる3学期。1学期、2学期の指導が子どもたちの成長につながっていれば、いい意味で教師の出番は減ってきます。子どもたち同士で問題を解決したり、一人が悩んでいればみんなで寄り添ってあげたりなど、子どもたちの積極的な姿が見られます。そこで、教師はそういった子どもたちの動きをしっかりと「眺める」のです。1学期とは変わったということを伝え、成長を実感させていきます。

　このように、各学期どのような指導をしていくか、具体的にイメージをもちます。これが1年間を見通した指導へとつながるのです。

第3章　1年間を見通した「叱る指導」

第2節　新年度スタート時

小松勝之（菊池道場茨城支部）

「黄金の3日間」との言葉もあるように、新年度初めの3日間は学級経営上、非常に大切な期間です。

■初日に行う2つの指導

菊池道場では、特に初日の出会いを大切にします。
1年間を見通して、初日に次の2つの指導をします。

①キーパーソンをほめる
②叱る3つの場合を示す

■①キーパーソンをほめる

ここでのキーパーソンとは、前年度までに問題のある行動をしていた良い意味で元気な児童のことです。

問題のある行動とは、たとえば授業中の私語、友達を傷つける言動、大人をバカにする、などがあります（ただし、そうした行動をさせているのは私たち教師や大人の責任です…）。

キーパーソンは、今までに何度も怒られてきています。

おそらく、本人も周りの子どもたちも「また怒られるんじゃないかな」と思っています。

それを良い意味で裏切るのです。

初日、キーパーソンの行動を注視して、最初の学活でほめます。
「この先生は、よく見てくれている。がんばろう」と、本人も周りの子どもたちも期待を膨らませることでしょう。

○先生の言うことを聞かないBくん

　Bくんは前年度からの引き継ぎで「先生の言うことを聞かない」「授業中の離席がある」とのことでした。

　教師に怒られることが多く、大人の言うことを素直に受け入れようとしない状態でした。

　あえて怒られるようなことをして、注目を得ようとしているところもありました。

　初日、Bくんの靴箱を見ると、かかとがきれいに揃っていました。

　これを最初の学活で取り上げました。

「Bくん起立！さて、先生はなぜBくんに立ってもらったのでしょう？」

「実は、靴箱の靴のかかとが揃っていました。みんなで大きな拍手をしましょう」

　拍手をした後、全員で靴箱に行って整理整頓をしました。

　整理整頓の最中、他の子たちにもよい行動がたくさん見られました。

　それをデジカメで撮影して、翌日に黒板に「みんなのよい所」として掲示しました。

　そして、写真を見ながら何がよかったのかを全員で考えました。

　このように初日からほめることを強く意識して、子どもたちとの信頼関係を築いていきます。

　また、これまでにも述べられているように、ほめることでよい行動と悪い行動の基準を示していくのです。

かかとが揃っている子どもをほめることは、かかとが揃っていない子どもを叱っていることと同じなのです。
○敢えて厳しくしない
　年度当初は1年間を見通して、敢えて厳しく指導しませんでした。
　まずは、Bくんとの信頼関係を築くのが最優先だと考えたからです。
　授業中に離席するBくんに対しては「歩きたいなら自由に歩いていいよ。ただし、他の友達に迷惑をかけたら叱るからね」と伝えました。
　そして、Bくんが離席しても意図的に無視をしました。
　この「無視」は立派な指導法の1つです（『読んで学べるＡＤＨＤのペアレントトレーニング』参照）。
　身につけさせたい行動をほめて、なくしたい行動を無視することが有効なのです。
　しかし、他の友達に話しかけたり雑音を出したりしたときには「やめなさい。約束です」と短く叱りました。
○周りの子どもたちへの指導
　それと同時に、周りの子どもたちへの指導も行いました。
　子どもたちから「Bくんだけずるい」という不満がいずれ出てくるからです。
私「Bくんは時々頭がもやもやして集中が切れちゃうんだよね。だから教室を歩くと頭がスッキリするんだって。そうだよね？」
Ｂ「はい」
私「でも、本当はBくんも出歩きたくない。座って勉強したいと思ってるんだよね？」
Ｂ「はい」
私「みんなもそれを分かってるよね？」
皆「はい」
私「みんなに聞きたいんだけど、みんなはBくんのように出歩きたいとは思わないよね？」
皆「はい」

私「みんなでAの道（成長への道）に進むんだよね？」
皆「はい」
私「Bくんが集中して授業に臨んでくれると先生は信じてるし、必ずそうなると思う。だから、Bくんも、1年間の中で必ずみんなと一緒にAの道に進みます。はじめのうちは見守ってくれるかな？」
皆「はい」
私「もちろん勉強の邪魔になることがあったら、先生は叱ります。Bくんもそれは分かるよね？」
B「はい」

　もちろんこのような指導をしたからといって、すぐに変わるわけではありません。
　そのあとで、変容を見せた瞬間にそれを認めたり、授業の楽しさ（分かる楽しさ）を体験させたりすることが大事です。

○その後のBくん

　5月の算数の時間のことです。
　ある児童（以下Cくん）がBくんと一緒に勉強をしていました。
C「Bくん、教えるからこっちでやろう」
B「分かった」
　また、私が教えなくても、早く終わった友達がBくんのところに集まって教えていました。
　Bくんは休み時間になっても問題に取り組みました。
　その後、Bくんのことはもちろん、教えていた子どもたちのことをほめました。
　このような小さな事実を積み重ねていくことで、次第に学習規律も整っていくのだと感じています。

■②叱る3つの場合を示す

○叱る3つの場合

　新年度の初日に「叱る3つの場合」についても指導をします。

3つの場合とは、次の通りです（私なりの表現にしてあります）。

> ・命に関わることをした場合
> ・友達や自分を傷つけた場合
> ・大人に対するリスペクト（尊敬）を欠く場合

　法則化運動では3つ目が「過ちを改めようとしない場合」です。
　しかし、配慮を要する児童の実態を踏まえ、菊池道場では3つ目を上のように変更しています。
　菊池道場が目指す「人間を育てる」上で、指導する側と指導される側という関係が重要だからです（第2章第1節を参照）。

○実際の指導
　まず、なぜ叱るのかを考えさせました。
　「また繰り返さないように」「危ないことをするから」という意見が出ました。
　そして、最終的には「その人のために」叱っていることを全員で確認しました。

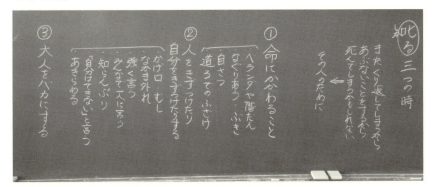

　次に、叱る3つの場合について考えさせました。
　「嘘をついたとき」「勉強をしないとき」など様々な意見が出ました。
　その1つ1つを認めながら「その中でも特に先生が激しく叱るのはど

んなときだろう？」と投げかけました。

「命に関わること」と「友達や自分を傷つけること」は子どもたちから出ました。

「大人に対するリスペクト（尊敬）を欠くこと」は難しいので、私が提示しました。

そして、3つの場合それぞれの具体的な場面を考えさせました。

このように、事前に具体的な場面を考えることで、子どもたちも叱られたことを納得して受け容れます。

最後に、この授業で考えたことを自分なりの言葉で成長ノートに書かせました。

以下は、ある児童の成長ノート（原文のまま）です。

> （おこられても仕方がないのは、）大人をバカにした時です。なぜなら、大人をバカにすると、べん強やいろいろなことをおしえてもらっているのに、おしえられなくされてしまうからです。

子どもたちは子どもたちなりに、大人から教わることが大切だということを感じていました。

この指導では、1年間を通して「叱る3つの場合」の基準を変えないことがポイントです。

また、右のように教室内に掲示をして視覚化することもとても有効です。

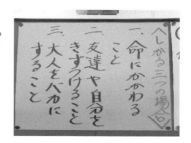

第3章　1年間を見通した「叱る指導」

第3節　1学期の指導

野尻和幸（菊池道場茨城支部）

★「正しい叱り方」と「正しい叱られ方」

「正しい叱られ方」の授業を一学期に行います。これは、今後の「叱る指導」を子どもたちの成長に確実につなげるためです。

■教師の指導と子どもの取るべき態度

> 〈教師の指導〉
> 　①気づかせる　②諭す　③考えさせる　④分からせる　⑤育てる
> 〈子どもの取るべき態度〉
> 　①受容　②反省　③謝罪　④改善　⑤感謝

子どもの取るべき態度が「正しい叱られ方」、教師の指導が「正しい叱り方」です。この考え方が教師と子どもの双方にあれば、「叱る指導」は成長のための指導になります。

では、具体的に私の実践を交えて紹介していきます。

①気づかせる

まず、教師が気づかせることで、子どもたちが受容する（間違いを受け容れる）下地をつくります。この「気づかせる」方法には、多くの方法があります。

ここで、子どもたちに「今の君たちは間違っている。これから大切な話をするから聞きなさい」と聴く構えをつくります。

○みんなで過ちに気づく

　社会科見学で消防署に行きました。この日の帰りのバスの中でのこと。バスの後方に乗っていたＡ君が、4名の男女から名前をバカにするような悪口を言われたのです。まず子どもたちを呼び、事実確認をしました。すると、周りの子たちも知っているということが分かりました。これを聞いて、「正しい叱られ方」の授業をするきっかけになると感じました。

　実は、この3日前にも同じような出来事があり、指導をしていたのです。それにも関わらず、それを見て見ぬ振りをする子どもたちがいたということです。

　教室に戻ると、私は子どもたちにこのように声をかけました。

「素晴らしい態度で臨んだ社会科見学でしたね。しかし、帰りのバスの中である人が悲しい思いをしていました。みなさんは知っていますか」

　この言葉を聞いて何人かの子どもたちが下を向きました。悪口を言われたＡ君、悪口を言ってしまった子どもたち、そして、それを知っていた子どもたち。

　このように、まずは自分たちが間違っている、もしくは間違ったことをしていたという事実に気づかせます。ここで大切なのは、ただの注意では終わらせないことです。必ず「なぜ」悪いのかを諭していきます。

②諭す

「なんで黙っていたんですか？」

　すると「遊びだと思った」「誰かが言ってくれるだろうと思った」という意見が出ました。

　私は、「名前は親からもらった大切なものであること。また、それを他人がバカにするようなことがあってはならないこと」を伝えました。そして、3日前にも同じような出来事があったことを話しました。3日前にみんなで成長するために、友達が間違っていることをしていたら声をかけてあげること、そしてみんなで成長していくことを約束していたのです。

「3日前にも言いました。みんなで成長しようと。同じことを繰り返してどうするんですか！」

厳しい口調で言いました。子どもたちも真剣な顔をしていました。

このように、自分たちの過ちがどれほど悪いことなのかを振り返らせます。言葉だけでは伝わりにくい場合があるため、この場面では板書をして視覚化し、全体で共有していきます。今回の場合、私は今日の日付と3日前の日付を黒板に書きました。書くことで子どもたちも3日前にも同じようなことをしてしまったという事実に強く直面しました。

私はここで「正しい叱られ方」について子どもたちに説明しました。

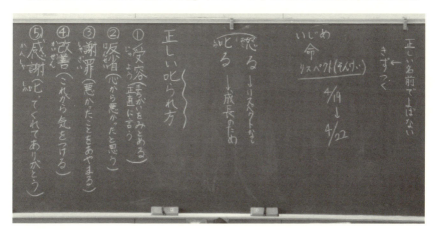

○正しい叱られ方

「きっと先生の話を聞き流しているから同じことを繰り返すんです。今こうして先生の話を聞いている時も、早く終わってほしいと感じているんじゃないんですか。だから同じことを繰り返すんです」

ここで質問をしました。

「先生は今、みなさんを『怒っている』『叱っている』どちらですか？」

「怒る」が5人、「叱る」が29人でした。そこで辞書で意味を調べさせました。そして黒板に「怒る」と「叱る」の違いを書きました。

「怒る」は怒りを相手にぶつけること。

「叱る」は相手の成長を思って言うこと。

「先生は今みなさんを叱っています。みんなが正しく成長できるように叱っています。先生や大人は基本的にみなさんを叱ります。そのままではＡの道（成長する道）には行けないからです。そして、先生たちにも叱り方があるように、みなさんにも『正しい叱られ方』があります」

　子どもたちの顔がきょとんとしていました。「正しい叱られ方」と聞いて驚いている表情でした。そこで表情を緩めて言いました。
「知りたい？」
「はい！」
　子どもたちの表情にエネルギーが戻りました。「成長したい」そんな気持ちが顔にあふれていました。黒板に以下の４つを書きました。

①受容…自分の間違いを認めること
②反省…心から悪かったと思うこと
③謝罪…悪かったことを謝ること
④改善…これから気をつけること

「実は⑤まであるんだけど、なんだと思う？」
　子どもたちからたくさん意見が出ました。「成長する」「みんなで成長していく」「Ａ（成長する道）にいく」「同じような人が出ないようにみんなに呼びかける」などなど。
「いいえ、どれもはずれです。でも、考えてくれてありがとう」
　黒板に⑤を書きました。

⑤感謝…叱ってくれてありがとうと思うこと

　そして、こう伝えました。
「先生や大人に叱られるって、気持ちのいいものではありませんね。どうせならほめられたいですよね。先生たちも同じです。叱ることは気持ちのいいものではありません。相手を暗い顔にしてしまうからです。そ

れでも叱ります。みなさんを成長させるためです。だからこそ、叱ってくれた先生、そしてお父さんお母さんに成長したところを見せてほしいです。自分を成長させてくれたからこそ最後は感謝があります。今日の出来事をきっかけにして、先生はみんなに変わってほしいと思っています」

　このように、なぜ先生は叱るのかを理解させます。「叱る」ことの意味を教師と子どもが理解しているからこそ、「叱る指導」がその場しのぎの指導ではなくなるのです。

　そして、今回の出来事、先生の話、自分自身のことなどについてもう一度考えさせます。自分との対話です。

③考えさせる

　自分との対話をして、自分の言葉で自分の考えをまとめさせます。ここには「言葉で人間を育てる」という考えが基本にあります（第2章第4節参照）。

　自分の言葉で考えさせることで、「自分は」という「自己内責任」で考えることができます。菊池道場では、考えさせる手段の1つとして成長ノートを活用しています。

○成長ノート

　成長ノートとは、簡単に言えば「成長」をテーマにした作文ノートです。普通の作文との違いは、子どもの成長を本気で信じて、教師の温かなコメントや励ましの言葉を繰り返し書き込むところです。誤字脱字を指摘するための赤ペンではありません。

　教師にも、多くの気づきや発見があります。子どもの悩みや葛藤など。そういった子どもの裏にある背景についても把握していきます。菊池道場では、1年間を通して様々なテーマで子どもたちに成長ノートを書かせています（『人間を育てる　菊池道場流　作文の指導』参照）。

　今回は「正しい叱られ方を知って自分が思うこと」というテーマで書かせました。

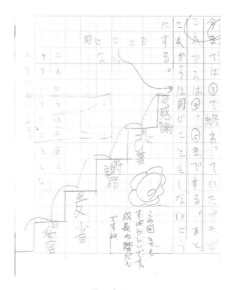

B君の成長ノート　　　　　　　　　C君の成長ノート

　B君は今回の出来事に関係のある子どもではありません。それでも、今回の出来事を自分のこととして反省し、これから先どのように行動することが自分たちの成長につながるのかを考えています。

　また、C君の成長ノートには、成長曲線とも結びつけて、叱られたことを自分の成長のステップにしようという気持ちが表れています。

　このように、子どもたち自らがその問題点と向き合い、考えることでこれからの行動を変えていきます。

　もちろん教師の励ましの言葉が必要不可欠です。叱ったままでは終わらないということです。常に子どもに寄り添い、子どもの成長を考えて接していきます。

④分からせる

　改善とは、改めて善くしようとすることです。正しいことと間違っていることを「分ける」ことができ、正しいことが「分かる」ということ。

　つまり、基準を「分からせる」ことで、子どもたちが改善できるのです。この判断ができるからこそ、子どもたちは変容していきます。

○Ａ君の変容

> 「今回、自分が悪口を言われる立場になって、悪口を言われることがとても辛いことだと感じました。一年生の頃に悪口を言ってしまった人に対して改めてごめんなさいと思いました」

　これは、Ａ君が書いた成長ノートです。Ａ君は学級でもとてもやんちゃな子でした。そんなＡ君が、今回自分が悪口を言われてしまうという立場になり、今までのことを振り返ったことが作文を通して分かります。この日をきっかけに、Ａ君は少しずつ変わっていきました。友達に対しての言葉遣いが変わり、少しずつ優しい一面が出てくるようになりました。

　そして、何よりいちばんの変容は、ほめ言葉のシャワーに積極的になったことです。今までは、「何も見つけてないよ」「何かいいところあったかな？」と言って、ほめ言葉を言うことを逃れたり、友達と同じことを言ったりすることが多かったのです。しかし、この日を境に、自分らしいほめ言葉が言えるようになりました。相手を大切できるようになったということです。Ａ君は、過去を振り返ることで改善することができました。

⑤育てる

　育てるとは、子どもたちを「成長」させること。「成長」とは、プラスの変容があることです。そして、教師が子どもの変容を見逃さないことが大切です。変容を捉え、その変容を子どもたちと共有できれば、子どもたちも「成長できた」という実感がもてます。

　さらに、成長を学級全体で共有していくことは、個人と集団を「育てる」ことにつながります。そして、成長の変容は、他の子どもたちの「言葉」や「行動」に表れていきます。

○言葉の変容を捉える

　学級が育ってくると、子どもたちの「言葉」が変わってきます（第2章第4節を参照）。では、教師はどのように言葉の変容を捉えていくか。その一つの手段として「成長ノート」があります。自分との対話の中で考えをまとめていく成長ノートは、教師が子どもの変容を捉えるのに有効な手段となります。そして、学級全体で成長を共有する手段としても使います。つまり、成長ノートを教師と子どもとのやり取りで終わらせるのではなく、子ども同士のやり取りにも活用するのです。例えば、書いたものを子どもたち同士で読み合う時間をとることで、互いの考え方を知ることができます。また、学級全体で共有したい内容であれば、教師が読んであげたり、印刷したものをみんなに配ったりします。特に、印刷して配った場合は、みんなでそのよさを見つけていくと深く考えることができます。

○行動の変容を捉える

　子どもたちの「言葉」が変わってくると、子どもたちの「行動」も変わってきます。つまり、「言葉は実体験を求める」のです（第2章第4節を参照）。子どもたちの「行動」の変容を捉える際に大切なことは、変容の具体的な事実をつかむことです。具体的な事実があるからこそ、教師の言葉にも説得力が出てくるのです。事実をつかむ際に有効な手段が、写真や動画です。そこには、ありのままの事実が写ります。そして、特に学級全体で共有したいという内容であれば、教室に掲示しておくことが有効です。菊池道場では、全体で共有する手段として「価値語モデル」を教室に掲示しています。「価値語モデル」とは、価値語と一緒に、その言葉にふさわしい写真を加えた掲示物のことです。写真と価値語をセットで掲示しておくことで、どういった行動が望ましいのかも共有することができます。

学級が育ってくれば、一人の行動からみんなの行動が変わってきま

す。
　このように、教師が子どもの変容を捉えていくことで、子どもたち自身も変化に気づくことができます。また、全体で共有することは、その子の変容をみんなで認めるということです。人は周りから認められた時に本当の成長を実感します。その認め合いを日頃から行っていくことが大切です。

★「叱る」ときの指導方法
■ミニ授業の展開
「叱る指導」が、「うるさい！」「静かに！」「何やってるの？今はそんなことをやる時間ではありません」のように、その場しのぎにならないために「授業のように」叱る指導が必要になります。これを「ミニ授業」と言います。国語や算数の授業が、課題提示→課題解決→まとめとなるように「ミニ授業」も「正しい叱り方」のステップを踏みます。
　大切なのは、間違った行動をした子どもだけを叱るのではないということです。つまり、「個」に対する意識だけでなく「全体」に対する意識をもつということです。「全体」で考えることで、価値を共有し、みんなで成長していくという意識を育てていきます。

■道徳の時間や学級活動と連動させる
　時間が許すならばミニ授業を展開し、叱ることが望ましいです。しかし、なかなか多くの時間は割けません。そこで、発想を変えます。道徳の時間や学級活動で指導するのです。重要なのは、教師のアンテナです。子どもたちのちょっとした言動を教材にするのです。教師は子どもの行動をしっかりとノートに記録しておいたり、写真や動画で事実を残しておいたりすることが必要です。写真や動画にはありのままの事実が出るため、子どもたちに考えさせるのには特に有効です。自分たちの言動が、まさに生きた教材となります。
　このように、「叱る指導」ではできるだけ時間をとって、子どもたちに

考えさせることが大切です。

★人間関係を築く
■ほめ言葉のシャワーを通して
　今まで叱ることを中心に書いてきましたが、叱るだけでは教室には温かい空気が生まれません。自分の頑張りを先生や友達が見てくれるからこそ温かみのある教室が生まれます。そこで、菊池道場では「ほめ言葉のシャワー」を進めています。「ほめ言葉のシャワー」とは、学級の一人の児童に対して、その日にあったその人のよかったところを教師を含めて全員でほめていくことです。全員でその子のよさに気づき、認め合う。これを継続して行っていくことで、教師と子どもの縦糸、子どもどうしの横糸が強く太くなっていきます。

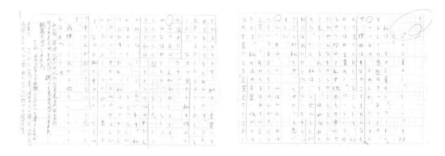

　これは、Dさんの成長ノートです。Dさんは、内気な女の子で、自分の気持ちを表に出すことが苦手でした。Dさんが書いた、相手を「笑顔にしたい」という言葉には、相手と向き合っていこうという前向きな気持ちが表れています。
　このように、人と人をつなげる力がほめ言葉のシャワーにはあります。この人間関係が、叱る指導を受け入れる土台となるのです。

第3章 1年間を見通した「叱る指導」

第4節　2学期の指導

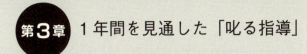
吉田直樹（菊池道場茨城支部）

　2学期になると、1学期の土台を踏まえ、機会をとらえて指導を行っていきます。2学期には、ほめる：叱る＝6：4という割合です。この機会を逃さずに指導することが、子どもたちの成長スピードに大きく影響していきます。

■個より全体を意識して関わる

　1学期は教師との関係をつくるため、全体より個を大切にした指導を重視してきました。子どもたちの背景を知り、縦の糸ができてきた2学期には全体を意識した指導を行っていきます。学級内の出来事を、個人だけでなく学級全体で共有し、考えさせることで集団としての成長に結びつけていきます。

■ピンチをチャンスに変える指導を

　教師も子どもたちも学級に慣れてくるこの時期、学級内でのトラブルの頻度が増えてきます。それに伴い、指導する場面が多くなります。
　トラブルが起きて指導が必要なとき、ピンチと感じる人が多いと思います。子どもたちは失敗するものです。その経験から学ぶことで成長していきます。これを成長のチャンスととらえ、子どもたちと向き合っていきましょう。

■行事という「非日常」は成長の大きなチャンス

　2学期以降は、運動会や遠足、地域公開といった学校行事がたくさん行われる学校も多いでしょう。行事までの準備や練習、そして当日。普

段の学校生活とは違う場面を子どもたちは経験します。この「非日常」を通して子どもたちは飛躍的に成長するものです。一方で教師は、行事の準備に追われ、日々の授業準備や事務処理と重なってとても忙しくなります。そのため、行き当たりばったりの指導になってしまうことはありませんか。同じ行事でも、教師側が意図して取り組むことで、子どもたちの成長速度は大きく変わります。子どもたちの言葉や行動を細かく観察し、子どもたちの変容を見取っていきます。

　昨年度に取り組んだなわとび大会を例に紹介します。

■教師側が何を育てたいのかを明確にもつ

　行事指導では、まず初めに教師自身が一貫した指導ができるように、めあてを明確にもちます。このめあては学級目標に沿ってつくります。学校全体として、行事のテーマがある場合もありますが、私は学級としてのめあても必ずつくるようにしています。自分の学級の子どもたちが１年間の終わりに学級目標を達成するために、この行事でつけたい力は何かを考えます。これを明確にもって指導することで、「ほめる」「叱る」指導を戦略的に行うことができます。行事の準備段階での様々な場面に、ぶれなく対応していけます。

　行事は、子どもたちの成長過程において一つの通過点です。うまく活用して子どもの成長曲線を加速させていきましょう。

■最初の指導で子どもたちにめあてを可視化して示す

　なわとび大会の指導の最初の時間に、子どもたちに行事のねらいを示しました。「8の字跳び＝究極の思いやりのスポーツ」と板書して子どもたちに成長ノートを書かせました。学級の中で、友達に対する言動や当番活動など、まだ自分本位な姿が時折見られました。そんな実情を子どもたちに伝えたうえで、大会を通じて「相手軸」を育てていくことを確認し、学級全体で共有しました。プラスの声かけをし合うこと、苦手な子も得意な子もクラスのために全力を尽くすことを指導しました。

最初に「何を育てるのか」を話すことで、子どもたちは見通しをもつことができます。また、叱るときの基準を示すこともできるため、教師の指導を子どもたちも素直に受け容れるようになります。

■真剣に臨むがゆえの悪循環
　練習に熱が帯びてくると、苦手な子が注目されることが多々あると思います。最初はアドバイスだった声かけがだんだんと非難に変わっていく。得意な子たちからするともどかしい気持ちがあるはずです。特に、子ども同士で教え合わせる、子どもに任せきりの状態の場合に起こりやすいと思います。私の学級にも、なわとびの苦手なＡ君がいました。
　Ａ君にとっては、苦手ななわとびにチャレンジすること自体、大きな挑戦です。恐怖心と闘っているのです。しかし周りの子たちは、真剣に取り組めば取り組むほど、Ａ君を何とかしたいという思いから注意をするようになります。この思いのギャップが悪循環を引き起こします。

■「叱る」と「スルーする」の見極めが大切
　これを防いで、子どもたちの行事へのやる気を持続させ、成長へと導くのは教師の役目です。そこで、私は技術的な指導は子ども同士ではなく、教師が責任をもって行うようにしています。
　私は子どもたちに叱る場合とスルーする場合の基準を明示します。子どもに示すためには、明確に叱る基準をもっていなければいけません。Ａ君のように、苦手な子は、真剣に取り組んでいる場合、技術的なことについてはスルーします。Ａ君の挑戦は、クラスのためを思った行為であり、「相手軸」をもって取り組んでいるのです。めあてに向かい努力している姿と捉え、全体の前で取り上げてほめます。技術的なことは、別の場で個別にアドバイスすればよいのです。
　反対に私が叱るのは、めあてに背くような子どもたちの行為が見られたときです。体育の時間の練習中にＢ君とＣ君は私語をしながら参加していて、次に跳ぶＤ君が引っかかったことがありました。私は、全体の

練習を止めて、私語をしていた2人を叱りました。この行為は、真剣に取り組む人に対して失礼であり、相手軸に欠けているからです。そのことを本人に自覚させ、どんな行動をとるべきか考えさせて正しい方向へと導きます。

叱るかスルーするかは、教師側のねらいに沿って選びます。明確にその基準を定めておくことが、行事指導のキーポイントになります。

○A君の成長は「集団」としての成長である

A君の頑張りをほめた翌日、A君を支えようとする姿が練習中に見られるようになりました。後ろから背中を押してあげる子。回す速さを変えて入りやすいように工夫する子。そして、叱ったB君とC君は、声を出してタイミングを取っていたのです。クラス全体に「相手軸」が広まっていくのを実感できました。この機会を逃さず、B君とC君をほめます。プラスの変容を見逃すことなく見取っていきます。

練習開始から1週間後。A君は連続跳びができるようになりました。彼の努力が実った瞬間です。クラス全員から祝福され称賛の言葉をもらい、A君は照れながらも自信がついたように見えました。

そこで、子どもたちの相手軸に立った行動を「One For All　All For One」と価値付け、成長ノートに書かせました。子どもたちは、自分がクラスのためにできること、クラスとして一人のためにできることを真剣に書いていました。集団の一員としての成長を感じました。

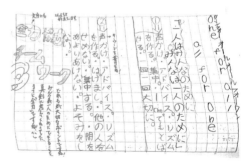

■成長が加速する

「叱る」ことと「ほめる」ことのタイミングを見極めて指導を続け、伝えたいことを価値語として共有する。これを継続していくと、子どもたちの変化が日常生活にも表れてきます。練習に取り組む姿勢、清掃への

取り組み方、給食当番の手伝い。価値語が子どもたちに根づいていくのが目に見えて分かります。そして、こんな子どもたちの変化を逃さないことが大切です。心の成長が加速し始めると、記録も伸びていくようになります。

　また、集団としての一体感を表す「一心同体」「エンジンを組む」などの価値語が子どもたちの中から生まれました。そしてチーム一丸となって当日を迎えました。

■本番で子どもたちは飛躍的に成長する

　当日には、「非日常」に挑む子どもたちのドラマがありました。本番独特の緊張感の中、動きが硬くなり、1回目は499回。練習時の記録には届きませんでした。しかし、子どもたちは意気消沈することなく、2回目に向けて気持ちを切り替えていました。2回目直前。学級の価値語にもなった円陣を組んで、全員の気持ちを一つに。これで子どもたちのエンジンがかかりました。記録は572回。学級の最高記録であり、学校全体でも優勝でした。5分間の子どもたちの集中力と一体感は圧巻でした。

　この記録は、本番までの過程を大切に指導し、子ども同士がつながってきたから出せたものだと思います。非日常の場で実力以上の力（＋α）を発揮して成長する子どもたちの姿にこみ上げるものがありました。

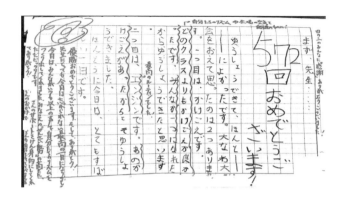

■行事で終わりではない

　本番で行事を終わりにしてしまうのはもったいないことです。子どもたち一人ひとりの成長、学級集団の成長を振り返り、それを共有することで、成長をメタ認知することができます。

　私の学級では、白い黒板で大会の振り返りを行いました。書かれた言葉から、技術的な面より目に見えない「不可視（精神面）」の成長について多く書かれました。行事を通して「相手軸」を意識して取り組み、それを成長ノートや白い黒板で可視化してきた成果だと思います。

　その後の生活で、クラスに「相手軸」という価値語が定着していきました。授業中の学び合い、給食準備の手伝いなど、様々な場面でなわとび大会の経験が生かされました。また、苦手だったA君も大会以来、自信がついて発言する機会が増えました。

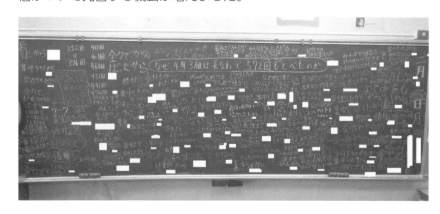

※　白い黒板とは
　子どもたちの文字で黒板を白くすることから名づけられた。あるテーマについて自分の考えを一人ひとりが黒板に書いていく実践。その後、真っ白になった黒板を見ながら意見や感想の交流を行って、学級全体で考えの共有を行う。

■行事は一つの通過点に過ぎない

　行事が終わった後、子どもたちが落ち着かなくなる…。こんなことありませんか。これは、本番で「非日常」の指導が途切れてしまった結果だと思います。非日常の経験によって、子どもたちは大きな成長を遂げることができます。この経験をその場で終わらせてしまってはもったいないです。そこで終わりと感じると、子どもたちも自然と気が緩むはずです。

　本当のゴールは3学期の最後です。一つ一つの行事での成長をその後の生活につなげる。そんな視点をもって指導することで、子どもたちの成長は加速するのです。

第3章 1年間を見通した「叱る指導」

❖第5節　3学期の指導　1年後のゴール

池田藍子（菊池道場茨城支部）

■ほめる：叱る＝8：2

　2学期には、ほめる：叱る＝6：4だったのが、3学期になるとほめる：叱る＝8：2ほどになっていきます。なぜなら、子ども一人ひとりが成長し、何がよくて何が悪いのか自ら考え行動するようになった結果、叱られる場面が少なくなるからです。また、安心感あふれる教室の中で自分らしさを存分に発揮し、よいことをすすんで行い、共に切磋琢磨しながら成長していこうとするからです。

　しかし、そうは言っても発達過程の子どもですから、知らないことがたくさんあり、叱られる場面は出てきます。例えば、「正しいことが常に正しいとは限らない」などという高次の価値ある行動をとれない時などです。ですから、3学期のほめる：叱るは、**ほめる：叱る＝8：2**なのです。これまでの「正しい叱られ方」や「ほめ言葉のシャワー」「成長ノート」などを通して子どもたちは、

> 叱られること＝プラスなこと、成長につながるということ

を知り、素直に受け入れ、叱られたことも成長につなげていくことができるようになります。

　また、叱る場面は「教師が」子どもを叱るだけではなくなり、「子ども同士で」叱る場面も多く見られるようになっていきます。叱ることだけではなく、よい意味で刺激し合って成長していく姿も見られるようになります。子どもたちが自ら価値語をつくり出し、問題を自分たちで解決していこうとしていくのです。

個が集団を育て、集団が個を育てる。まさに3学期は集団から個の成長へと向かって大きく飛躍する期間なのです。

■子どもが子どもを『叱る』
　ある日の授業後のことでした。女子3人が私のところへ来てこう言いました。
「みんなに話したいことがあるので、少し時間をください」
　私は、あえて内容を聞きませんでした。なぜなら、子どもたちのことを心から信じていたからです。また、これまでに子どもたちは、自ら考えてクラスや友達のために率先して動くことが多くなり、たとえ失敗したとしても、また立ち上がり、再出発することができるまでに成長していると感じていたからです。
　彼女たちは教室の前に立ち、授業中の態度のことを話し始めました。

> 自分の考えを書いているのにも関わらず、発表をしないのはなぜなのか。全員で成長することを考えていないのではないのか。
> 正対をしない人がいるのは、発表をしている人に対して失礼ではないのか。自分の成長にもつながらないのではないのか。
> 分からないことをそのままにしているのはなぜなのか。それは恥ずかしいというのではないのか。

　聴いている子どもたちにとっては、厳しめの言葉でした。しかし、写真からも分かるように、聞いている子どもたちは真剣そのものでした。真剣そのものであるということは、きちんと言われたことを受け容れ、たとえ自分がそうした態度になっていなくても自分のこととしてしっかりと考えているということです。

そのあとに、ペアや近くの人と話し、先ほどの問題の解決方法を話し合いました。
　最終的には次のように、子どもたち自身の今後のめあてを立てました。

> ・ノートに書いたら発表をする。
> ・出席者ではなく、参加者になる。
> ・失敗を恐れない。失敗したとしても、足りないところを仲間同士で補い合い、助け合う。

最後に

> 本当は先生が言うべきことをみんなで問題にし、解決することができたことに心から驚いています。まずは、問題をみんなに提示した3人に大きな拍手を贈りましょう。
> また、たとえ自分が当てはまらなくても自分のこととして考えていた姿にとても感動しました。大人でもなかなかできる人はいません。本当に素晴らしいことです。みんなでクラスに拍手をしましょう。

と、問題を提示した3人の女の子を大いにほめました。また、クラスの問題を自らの力で解決したことも大いにほめました。
　そして、このようなメッセージを送りました。

> 今決めたことは自分たちで決めたことです。自分たちで決めたということは責任をもたなければいけません。責任をもつということは、人に言われなくても、失敗したとしても最後までやり通すということです。
> もしやってみて不都合など出てきたらもう一度みんなで話し合いましょう。

■子どもたちの変容

　クラスが元に戻ろうとすると、問題を提示した彼女たち以外の子どもたちも率先して、「正対するよ」「書いたら発表だよ」などとよい意味で牽制する言葉かけをするようになっていきました。また、右のような掲示物も作られるようになりました。最終的には正対や全員発表が当たり前のようになっていきました。

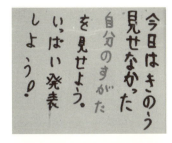

　また、授業だけではなく、困った友達がいたり、教室の乱れに気づいたりしたら、一人でもすすんで行動に起こす子どもも出てきました。その姿を見て、周りの子ども

たちは真似をし、さらにプラスの行動をしていきました。私自身は、子どもたちの頑張る姿を一つひとつ認めて、ほめていきました。そうした中で、自然と教室の中に『成長するサイクル』が確立されていきました。

■クラスのよさとは

　別の日のことです。この授業では、自分が考えるクラスのよさとは何かということを考えるものでした。

　その中で、

> 自分たちで話し合いをして解決しているのが我がクラスのよさ
> 一人の問題でもクラスの問題としてみんなで考えるのが我がクラスのよさ

と書いている子どもが多くいました。

これらの内容から、子どもたちの成長が大きく2つ見て取れます。
　1つ目は、自ら考え、話し合い、議論する楽しさや価値を子どもたちが自ら見出しているということです。
　2つ目は、自分とは価値観の違う様々な子どもたちがいる学級だからこそ、問題も起こりうることも知っており、問題が起こったとしても自分たちで話し合い、よりよい方法を見つけていけばよいということです。
　このように、問題を解決していく中で、『問題＝マイナス』ではなく、『問題＝プラス、成長させてくれるもの』だと子ども自身が気づき始めました。

■教師の立ち位置
　3学期になると、これまでのエピソードのように、子どもたちが主体となってたくさんのことが進んでいくと考えられます。
　1学期での子どもたちはまだ正しいことも知らず、価値を教えていく時期です。ですから、教師がリードをしていく場面が多いでしょう。また、教師と子どもたち、子

ども同士の関係が薄いからこそ、大人が子どもたちの近くにいて、子ども同士の横糸や教師との縦糸をつなぐ必要があるのです。そして、子どもたちも未熟で知らないことがたくさんあるので、様々なことを『教える』時期ではないでしょうか。
　しかし、3学期にはたくさんの行事や課題を乗り越え、正しい価値も知り、自ら考える子どもたちに成長しています。教師が先頭に立ってリードしていく必要性はありません。教師がリードしなくても、正しいことを子どもたちの力で考え、実行していくことが多くなります。つまり、教師の立ち位置が変化するのです。

■ 「子ども主体」を目指そうとしているのは誰？

　では、このような子ども主体の姿を教室でいちばん話題にしているのは、誰でしょうか。それは「子ども」ではなく「教師」ではないでしょうか。教師が子どもたちに「書いたのだから発表しなさい」「話を聞くときは相手の目を見て聞きなさい」「分からないことをそのままにしてはいけません」などと、命令のように言っている場面が多くみられます。指示をしても、子どもたちが自ら考え、なぜそうしないといけないのかという価値や意味を知らない限りは身につきません。身につかないと、教師は「怒り」ます。指導した通りに動かないからです。すると、子どもたちは、一方的な教師に対して反発するようになります。そうなると、また教師は「怒り」ます。まさに悪循環です。

　そうならないためにも、子どもたち自身が問題意識をもち、仲間と話し合い、問題を解決できるように、集団や個を育てていく必要があるのです。壁にぶつかり、解決し、また壁にぶつかり…。そうしていくうちに、集団として子どもたちは強くなっていき、成長していくのです。

　私たち教師はいちばんに子どもたちの成長を信じ、教師も子どもも共に成長し続け、ゴールを目指す。それが、『人間が育つ理想の教室』なのです。

第3章 1年間を見通した「叱る指導」

❀第6節 「正しい叱り方」の基本の形

小松勝之（菊池道場茨城支部）

「叱る指導」には、個に対する指導と集団に対する指導があります。
　菊池道場では、叱る内容が集団の成長につながると判断した場合、クラス全体で取り上げて授業を行います。
　ここでは、集団に対する「正しい叱り方」の基本の形を紹介します。

■「正しい叱り方」の2つのポイント

「正しい叱り方」には2つのポイントがあります。
　1つ目は、「なぜ」を考えさせることです。
「なぜ」という理由を考えさせることが、子どもたちの納得を生みます。
　授業では、デメリットとメリットから、「なぜ」を考えさせます。
　その行動を続けるとどんな悪いことが起きるかというデメリット。
　その行動を改めるとどんな良いことが起きるかというメリット。
　この2つの「なぜ」を考えることで、子どもたちは本気で行動を改めようとします。
　2つ目は、その1時間の授業では完結しないということです。
　私たち教師は「あの時教えました。何度も言わせない！」と、叱ってしまいがちです。
　しかし、たった1度の指導で変わる児童であれば、そもそも叱られることがほとんどないはずです（大人だって1度で変わることは難しいです…）。
　1時間の授業で完結するのではなく、その後の変容を追いながら指導を続けることが大切なのです。

■「正しい叱り方」の具体的な実践

「正しい叱り方」の5つのステップは以下の通りです。

①気づかせる　②諭す　③考えさせる　④分からせる　⑤育てる

以下に、具体的な実践に即して紹介していきます。

①気づかせる

　叱るべき行動が生じて叱る際、その内容がクラス全体の成長につながると判断した場合にクラス全体で取り上げます。

　今回は、教室の整理整頓ができていないことを取り上げました。

②諭す

　諭すとは、子どもたちが納得するように教え導くことです。

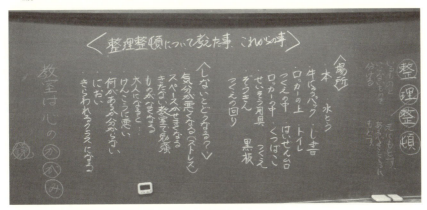

　まず、整理整頓の意味を調べさせました。

　次に、どこが整理整頓できていないかを発表させました。

③考えさせる

　そして、このままの状態を続けるとどんな悪いことが起きるかというデメリットを考えさせました。

　それに加えて、どうするべきだったかを考えさせました。

　子どもたちのほとんどは取るべき行動を知っています。

　しかし、それを行動にできないという状態なのです。

よって、ここでは個人で考えさせて成長ノートに書かせたり、自分の言葉で発表させたりすることで、繰り返し意識させていきました。

そして、5分間と時間を決めて、子どもたちそれぞれが考える整理整頓を実際に行動させました。

④分からせる

まず、取るべき行動の価値を価値語で表します。

価値語にすることで、子どもたちは繰り返し使うようになります。

この価値語の繰り返しによって行動が定着し、「分かる」ことになるのです。

また、取るべき行動を写真に撮って、価値語とセットで掲示します。

こうすることで、掲示物からも取るべき行動を繰り返し意識させます。

今回は、教室の状態は心の状態を表すという価値語「教室は心の鏡」で表しました。

整理整頓されたきれいな状態の教室を写真に撮り、価値語「教室は心の鏡」とセットにして掲示しています。

さらには、「正しい叱り方」をしてから一定の期間を置いて、取るべき行動によって生じたメリットを考えさせました。

このメリットは、行動した結果の体験を書かせたほうが、より効果的だからです。

⑤育てる

集団に対して指導したのですから、授業のきっかけとなった子ども以外の子どもたちの変容も見取ります。

見取る方法としては、菊池道場機関誌『白熱する教室 第6号』で高橋朋彦先生が提案している4つの方法（観る、書かせる、聞く、日常と比べる）があるのでぜひ参照してください。

こうして変容を見取ってほめることで、個や集団を育てていくのです。

第4章 叱る指導の実際 教室あるある

第4章 叱る指導の実際　教室あるある

①あいさつの声が小さいとき

「あいさつを大切にする＝相手も自分も大切にする」

✎ こんな場面はありませんか？

- 廊下ですれ違った際に、一人だとあいさつができない。
- 担任の先生以外には、あいさつができない。
- あいさつ指導はしたものの、日に日に声が小さくなっていく。

💡 あいさつはコミュニケーションの第一歩

　あいさつは、人と関わる際に不可欠な作法です。短い言葉でありながら、その人の第一印象にもつながるとても大切な作法の一つです。

　あいさつの交わされない環境では会話が弾まなくなります。その結果、相手のことを十分に理解できないまま関係が悪化していくということも考えられます。学級の中であれば、関わりが希薄になり学級崩壊にもつながるかもしれません。

　子どもたちはあいさつを通して、周りの人にほめられることもあります。「周りの人は自分たちを認めてくれる存在である」という認識が高まれば、誰とでも好意的に関われるようになります。

　このような経験を通して、学級の中に認め合う温かさが生まれていきます。プラスの連鎖が深い人間関係をつくっていくのです。

　あいさつを大切にすることで、相手も自分も大切にできる。そして、自ら好意的に人と関わっていける、これが育てたい姿です。

> **伝えたい価値語**
>
> 「あいさつは心からするもの」「積極百歩」「自己開示能力」
> 「空気に負けるな」「『出る』声ではなく『出す』声で」
> 「当たり前のことを当たり前じゃないレベルで」

🍀 指導の実際

あいさつ指導は、一度の指導で劇的に変化するというものではありません。継続的に指導することで、本当の子どもたちの力へと変わっていきます。私は、以下のような指導を積み重ねていきました。

■あいさつを楽しむ

あいさつを積極的に行えるよう、まずは簡単なゲームを行いました。「先生より先にあいさつができたら勝ち」「○人の友達にあいさつをしてから教室に入ること」「○○先生にあいさつしてから教室に入ること」といった具合です。この活動を通して、朝のあいさつが子どもたちの中で習慣となっていきました。

■よりよいあいさつについて考える

あいさつが習慣となってきた頃、本校の教務主任である山中伸之先生に「よりよいあいさつ」とはどのようなあいさつなのかを、子どもたちに話していただきました。

あいさつのポイントは①高く②元気な③明るい声で、相手より先にすること。そのためには、無理をして覚悟を決めて遠くからあいさつする、といった内容です。このお話を通して、子どもたちのあいさつをしよう、という意欲が高まっていきました。

■遠くからあいさつをするために

お話の後、特に力を入れて指導したのが、遠くからあいさつをするという点です。遠くからあいさつをするためには、自分本位の「出る」声ではなく、相手本位で「出す」声が不可欠になります。その練習として「ほめ言葉のシャワー廊下出張編」(廊下30m程の距離で行うほめ言

葉のシャワー）や「朝のあいさつ校庭編」（昇降口前に立っている私に対して 50m 程離れた校門付近からあいさつをすること）を行いました。最初は恥ずかしがっていた子も、この活動を通して次第に「出す声」が躊躇なく出せるようになっていきました。極めつけは、校庭での「大声選手権」です。2学期末に 100m 程離れた距離から一人ずつあいさつに挑戦しました。この翌日からのあいさつは、これまで以上に響く声に変化していきました。

　さまざまな場所で行ったあいさつ練習が、「どこでも」あいさつをできるという自信にもつながったようです。

　これらの指導をする際の配慮として、校舎内で練習をする前に、同じフロアの学級の先生に許可をいただきました。許可のおかげで、子どもたちも心置きなく全力で声を「出す」ことができました。

■よいあいさつを継続させる指導

　よいあいさつを継続させるために、私は週に2、3回、昇降口前でのあいさつを続けています。

　加えて、朝の会での「あいさつリレー」も毎日欠かさず行っています。これは、子どもたちが一人ずつ順番にあいさつをしていき、最後の子まで回ったら、その日の日直があいさつをして全員でもう一度あいさつをするというものです。これを行うことで、子どもたちは一日一回必然的に「出す」声を出すことになります。あいさつの声が小さくなってきた際にもすぐに気づき、改めて指導をすることができます。また、礼の指導や、あいさつの上手な子に対する称賛も同時にできる良い機会にもなります。

　中には声を出すことに強い抵抗がある子もいます。私の場合、最初のうちは出そうという意思を見せている子に対しては、声が小さくても指導はしません。声がなかなか出せない子も、毎日続けることで抵抗がなくなり、その子なりではありますが少しずつ周りの子のようにあいさつが出来るようになっていきます。毎日の声の大きさを比べ、少しでも大きくなったら称賛し、自己開示の手助けをしながら周りの子のように出

せるまで見守ることを大切にしています。
■あいさつ指導を支えた成功体験
　上記の指導をしていく中で、何よりよい影響を与えたのが、あいさつによって認められる体験です。あいさつ指導を始めてから、先生方に「よいあいさつをしている」といった話をしていただくことが増えていきました。その都度、「○○先生が、大きな声であいさつをしてもらえてとても喜んでいたよ」「あいさつの時の礼がきれいで気持ちが伝わるって言っていたよ」というように、良かった点をできる限り具体的に子どもたちにも伝えていきました。

　そして、2学期の中旬、宿泊学習先の職員の方に、「あいさつがすばらしい」とほめていただきました。この言葉で、あいさつが本当に自分たちのためになる、より広い「公」での成功体験へと変化していきました。この宿泊学習が、あいさつの意識をさらに高める、大きな転機になったように思います。

■叱る指導①　「周りを巻き込む」あいさつへの意識
　私の学級の子どもたちは遠くからあいさつをしており、誰に言っているのかをはっきりさせるために必ず「○○先生、おはようございます」というあいさつをします。朝のあいさつは、「根本先生、おはようございます」となるわけです。その結果、低学年の子どもたちも真似をして、「根本先生、おはようございます」というあいさつをしてくれるようになりました。

　2学期のある日、私が他の先生と歩いていると、低学年の子が「根本先生、おはようございます」と言ってすれ違っていきました。隣の先生がいるにも関わらず、私に「だけ」あいさつをしていきました。その後、教室に戻って子どもたちにこのように伝えました。

　「みんなのせいで、根本先生にしかあいさつをしない子が多い」。子どもたちは、暗い表情をしています。この頃、あいさつ指導とは別に、「一見マイナスに感じることでも、受け止め方が変わればプラスのことに変わる、よりよい価値『観』が成長を加速させていく」という話をしていま

した。それを実際に感じてほしいと思い、あえてみんなの「せいで」というマイナスの言葉から伝えました。あいさつ指導を軸としたこれまでの認められる経験を通して、「素直さ」を高められるような言葉かけや語りを大切にしてきました。「素直さ」が高まってきていた今なら、マイナスの切り口からの指導も子どもたちは受け容れられるだろう、と考えての指導です。そこで、こう続けました。「前向きに受け止めれば、それだけの影響力が君たちにある。真似してもらえるあいさつになってきているということだよね？」一気に子どもたちの表情が明るくなりました。「ということは、みんなの力で改善できるんじゃないかな？」と問いかけると、「他の先生へのあいさつをもっとしっかりできるようにしていこう」という声が上がりました。周りの子のあいさつの変化から自分たちの現状を知り、さらなる成長に変えていく、そんな瞬間でした。

■叱る指導②　「あいさつが小さくなっているとき」

　3学期の始業式、いつもの通り昇降口前に立ってあいさつをしていると、子どもたちの声がこれまでより小さくなっていました。学期の始まりだから少し様子を見てみようと、2、3日様子を見ていたものの変わる気配がありません。どうしたものか、と考えていると、一つの会社（係）が「大声選手権」をやりたい、と提案してきました。100mはもうできるから、校庭でできる最長の距離でやってみたい、と言います。提案が出てすぐに実践しました。全員がはっきりと大きな声であいさつできました。

　活動が終わって教室に戻った時に、「新学期に入り、あいさつの声が小さくなっていることに気づいた人はいるか」と、問いかけてみました。すると、大半の子が「気づいていた」と答えました。「気づいていたのになぜ、そのままにしていたのか」を聞いてみると、「空気に負けてしまった」「いざって時には、できると思っていた」といった言葉が返ってきます。

　「あいさつを何のためにやっているのかをはっきりとしなければ」と考えた私は、「あいさつの由来」について子どもたちに話しました。「一挨

一挼」が語源であること、「心をひらき、相手にせまる」ためにあいさつをしていることを話し、コミュニケーションの第一歩であることを伝えていきました。この話を通して、どんな時でも「心」を込めたあいさつをする必要がある、ということを再確認することができました。

■子どもの変容

この成長ノートは、大きな声を出したがらなかった女の子のものです。山中先生の話を聞き意欲を高め、それから少しずつ「出す声」が出せるようになっていきました。「大声選手権」のあとの振り返りでは、恥ずかしさが楽しさに変わってきたと書いています。この子が、得意ではない「出す声」を続けていけたのは、なぜあいさつをしなければいけないかを理解し、あいさつをすることで周りの人たちに認めてもらえたからだと思います。

あいさつの指導をしていく中で自信をつけて、他のことにもこだわって、成長を加速させていく子も増えていきました。

振り返り

あいさつの指導を通して、続けることの大切さとなぜやっているのかを伝えていくことの大切さ、そして何より成功体験の大切さを実感しました。最初は、あいさつ「だけ」がよかった学級が他の場面でも成長していく姿を見て、あいさつ指導に大きな可能性を感じました。「当たり前のことを当たり前じゃないレベルで」これからも大切にしていきたい価値語です。

〔根本泰隆（菊池道場栃木支部）〕

第4章 叱る指導の実際　教室あるある

②廊下を走るとき

「危険を減らす＝相手も自分も大切にする」

🖊 こんな場面はありませんか？

- 休み時間に、廊下を走って校庭に出る。
- 担任が見ていないところで廊下を走り、叱られて戻ってくる。
- 廊下歩行を指導されると、「でも」と走った理由を正当化する。

💡 走ってはいけないことに理由はあるか？

　なぜ、廊下を走ってはいけないのでしょうか？

　指導中、「素早さ」を求めることは多いように思います。一方で、避難訓練の約束事「㊙押さない、㊊駆けない、㊗喋らない、㊥戻らない」のように、急がないと判断できる場合もあります。つまり、時と場合によって適切に行動を判断できるように指導することが大切なのです。ということは、走ってはいけない「理由」や「場合」について考えさせることが必要です。

　廊下を走らないと指導する理由は、「子どもたちが怪我をしないように安全を確保する」「ルールを守ることのできる人間に育てる」という2つであると考えて指導を行いました。

　怪我の危険を予測できることは、自分だけでなく、相手を大切にすることにもなります。また、どんなにやりたいことでも、学校や学級で約束したことであれば、勝手な都合でそれを破ってはいけないのです。

> **伝えたい価値語**
>
> 「相手も自分も大切にする」「範を示す」「いつでもどこでも」
> 「自律力」「よいものはよい、ならぬものはならぬ」

❈ 指導の実際

■廊下を走ってはいけない理由は何だろう？

「廊下を走ってはいけない理由は何だろう？」

　まず、この理由について話し合うことから始めました。「走らない」という一つの行動に限らず、様々な行動規範を考えさせる機会にしたいと考えたからです。「走ってはいけない理由」を学級としてつくりあげる。それでも走ってしまうときには、個別にその場で指導するというような方針で行いました。

　4月中旬。子どもたちに経験を問うと、廊下を走ったことがあるのは10割。そのうち、約7割の児童が、廊下を走ってぶつかった、もしくは走ってきた人にぶつかって危険を感じた経験をしていました。それだからでしょうか、廊下を走ってはいけない理由は、「危険だから」。その他の理由は出てきませんでした。

■危険だから走ってはいけないのだろうか？

　「危険だから、走ってはいけないのだろうか？」と子どもたちに問いました。子どもたちは、きょとんとした表情でした。「廊下を走った経験のない人はいませんでしたね。どんな時に廊下を走ってしまったのかな」。廊下を走る理由の第一位は、休み時間の遊び場を確保するため。第二位は、授業に遅れないようにするためでした。「どちらも、みんなにとっては大切なことではないの？だから、走ってしまっても仕方がないのではないですか？」このように問い、走ってしまいたくなったらその時の気持ちを、走ってはだめかなと考えたらその時の気持ちを、その日1日覚えておくように指示をしました。

■走ってはいけない理由

　1日の間に考えたことを、学級で共有しました。一つを紹介します。

　　朝急いでいる時、休み時間に校庭の場所取りをしたい時に「どうして」も走ってしまっていた。何度も注意をされたこともあったけ

れど、他の学年も、今までの6年生もそうしていたので、正直あまり気にとめていなかったのだと思う。でも今日、私と同じように走っている下級生を見て、その「どうしても」が下級生にどのように見えているのだろうかと考えた。

共有した後、子どもたちに、走ってはいけない理由として次の3点を示しました。
　①人（自分・相手）を大切にするため
　②言ったことに責任をもつため
　③下級生の手本となるため（立場を自覚する）

■叱る指導①　「継続的に指導するためのパフォーマンス」
　一度指導したことで、劇的に廊下を走らなくなるとは考えづらいものです。継続的な指導で、子どもたちの心に、「人を大切にする」「言ったことに責任をもつ」「範を示す」という価値語が浸透していくようにしました。そうした中で、学級全体に対して次のような指導を行いました。
　授業開始のチャイム。挨拶。「あー！辞書を忘れた。少し待っていてください」。私自身が廊下を思い切り走って辞書を持って帰ってきました。息を切らす私の姿を見て、子どもたちは笑顔。笑いが起きます。
　「先生、だめでしょ」。笑いの中に、このような言葉が聞こえました。「先生だめでしょ、という声が聞こえたのだけれど、それはひどい。授業に必要なものを、みんなのために急いで取って来たのに」。子どもたちの中からは笑いながら、「いやいや」という声。「そうかあ。だめかあ。クラスの恥になるようなことを先生からやってしまってすみません」。クラス全体に謝りました。「理由はどうあれ、走ってはいけない。きまりを守る」と板書。「でも、危険なことがあったら、先生は走ります。それは知っておいてください」と伝え、廊下を走らないことを共通の約束（ルール）として学級で共有しました。

■叱る指導②　「子どもの行動を取り上げる」
　その日の掃除時間。掃除をする場所へ急いで移動するために、走って

いる子を見つけ、そのことを教室で取り上げました。「Aさんが、掃除する場所への移動を間に合わせるために走りました。この時間を守ろうとする行動、素晴らしいと思う人」とききました。それに続けて「理由はどうあれ、時間に間に合わないからといって走ってはいけない」と伝えました。そして、理由を正当化しない、自分勝手な都合で一つのルールも守れないのは恥ずべきことだということを指導しました。

■**子どもの変容**

この指導後の数日間は、子どもたち同士で「走っちゃいけないよ」と注意し合う様子が見られました。しかし、数か月たった今、そのような声かけはあまり聞かれなくなりました。走る子が減ってきたのもありますが、それよりも走る理由を正当化しなくなったからだと感じています。約束を守れないことを恥ずかしいことと感じているようです。

先に紹介した気づきをもった子は、次のように成長ノートに書きました。

私たちのクラスで廊下を走る人は減っているように思います。上級生として見本になれてきたなと思います。
「走らない！」と呼びかける人はあまりいないけれど、走らなくなったのはなぜなのだろう。「どうしても」走る理由がなくなったのかもしれません。心が広くなったのかもしれません。この間、先生が話していた「心に余裕がある人は、行動が優しくなる」ということなのかもしれません。

📎 振り返り

　廊下を走るという課題は、一朝一夕に解決はできません。今回は、教師が悪い例を演じて指導の機会をつくったり、子どもの行動を取り上げたりしながら、継続的に意識づけを行ったことで変化が見られました。
　先生に言われたからやらないというのでは、考えない人間を育てることになります。そうではなく、当り前のことこそ、その意味を考えさせることが大事だと感じています。「走らない」という一つの行動に対しても、「範を示す」「約束を守る」「人を大切にする」という3つの規範意識を継続的に指導してきました。場に応じた行動判断力を育てるために、時には「廊下にたくさん人がいる時に大事な用で先生を走って呼びに行くのは良いか悪いか」といった討論を仕組むのも一つの方法です。

〔丹野裕基（菊池道場東京支部）〕

第4章 叱る指導の実際　教室あるある

③人の悪口を言うとき

「ブーメランの法則」

✏ こんな場面はありませんか？

- 先生のいないところで人の悪口を言う。
- かまってもらいたいため、人の悪口を言いふらす。
- 悪いことへの同意を求める。

💡 相手に自分の考えを伝えられる人間に育てる

　今現在起こっている事象は、過去に行った行為の結果です。人生において、投げかけた結果が必ず返ってきます。

　ブーメランのように、投げかけたことが良きにつけ悪しきにつけ、やがて自分に戻ってくるという法則が"ブーメランの法則"です。

　これに照らし合わせて悪口を考えると、悪口を言えば自分も悪口を言われることになります。しかし実際には、ただ悪口を言われるだけでなく、信用そのものを失ってしまったり、友達を失ってしまったりと大きな痛手を負うことになります。

　「悪口を言っても一つも良いことにつながらない」ということを理解し、何か言いたいことや意見がある場合には、きちんと相手に自分の考えを伝えられる人間に育てたいです。

伝えたい価値語

「ブーメランの法則」「負け犬の遠吠え」「人を呪わば穴二つ」
「言霊」「口癖は人となり」「悪口は意地の悪い人の慰めである」

❀ 指導の実際

■悪口を言う人の心を考えよう

「なぜ人は悪口を言ってしまうのか」を考えさせます。おそらくいろいろな原因があると思いますが、その中でも大きな原因の１つが"自分に自信がないから"ということだと思います。

例えば、自分より優秀な友達に対してわざと悪口を言い、相手の価値を低めることで自尊心を得ます。

「犬の遠吠え」という慣用句のごとく、悪口を言う人は心の弱い存在であると言えます。悪口を言うことで、その人の心の弱さが露呈します。

○自分軸と相手軸で悪口を考えよう

「自分が悪口を言われたときにどのように感じるのか」を考えさせます。

悪口を言われる相手の立場に立ち、物事を考えることができれば自ずと悪口はなくなるはずです。

そのためには、自分が相手から悪口を言われたときのことを考えるのがいちばんです。悪口で悲しい思いや怒りの気持ちが沸き上がってくることを感じ、悪口を言うことのデメリットを感じさせます。

つまり、「悪口を言っている人自身が損することはあっても得することは一つもないこと」や「悪口を言っている人自身の心が弱いということ」という自分軸の視点で考えさせます。

さらに、「悪口を言われた人は悲しい思いをすることや怒りの感情が沸き上がること」など、相手軸の視点でも考えさせます。

■つい文句や悪口を言ってしまうＡくん

Ａくんは、運動が大好きで活発な男の子です。休み時間になると真っ先に校庭へ遊びに出かける元気者です。しかし、友達に対して文句や悪口を言う場面がしばしば見られます。

○きちんと相手に話すこと
　ある2時間目休みの終わりの時間のことです。私が職員室から教室へ向かって歩いていたときのこと、珍しく休み時間に廊下にいるAくんに目がとまりました。活発で笑顔が似合うAくんでしたが、険しい表情をしていました。それとなく聞き耳をたてながら通り過ぎていくと、
「Bって、むかつくよね。勝手に△△して…」
　と、同じクラスのBくんについて友達に悪口を言っていました。
　言われた方のCくんも困っているようでした。
　Aくんを別室に呼び、事情を聞いてみました。
「今、廊下で話していたことだけど、何かあったのかな？」
　丁寧な口調で話しかけましたが、中々反応がありませんでした。しかし、しばらく待っていると、ポツリポツリと話し始めました。
「さっき（休み時間）、ブランコをしようと待っていたら、Bくんが横から入ってきて、順番を守ってと言ったけど無視をされたから、すごく腹が立って悪口を言ってました」
　正直に自分の思いを語ったAくんをほめました。それと同時に、悪口を言って解決するのか尋ねてみました。
「いいえ」
「ではどうしたらいいだろうね。一緒に考えてみようか」
「はい」
　小声で答えました。
　しばらくすると、話し始めました。
「Bくんにもう一度、話さないといけないと思います」
「そうだね、Bくんの目を見てきちんと自分の気持ちを伝えるといいね。相手に話すのは勇気がいることだけど、大事なことですね。Bくんに話せますか」
「話します」
　教室へもどりBくんのところへ行きました。
「さっきの休み時間にブランコの順番を待っていたじゃない。その時に

あとから来たBくんが順番を無視して割り込んだのはいけないと思う。今度から止めてください」

　Aくんは、勇気を振り絞って話していました。
　急に言われたBくんは戸惑いながらも話を黙って聞いていました。
「ごめん、悪かったよ」
　しばらくして、Bくんは謝りました。

○学び合い

　急遽学級の時間をとり、具体的な名前は出さずに（イニシャルで）この出来事をクラスで短く説明し、話し合わせました。
「順番を守らないといけないよね」
「Aくんは、悪口を言っていたけど、悪口言っても解決しないよね」
「相手にしっかりと話した方がいいよね」
「最後にBくんが謝ったのはよかったね」
　いろいろな意見が出されました。
　その中から悪口について焦点を当て、私からも話をしました。
「もちろん今回のことは、順番を守らなかった人がいけないですね。しかし、そのことについて悪口を言っていても解決しませんね。やっぱりきちんと相手に伝わるように話していくことが大切ですね」
　クラスの子どもたちは、うんうんと頷きながら話を聞いていました。
「先生、いいですか」
　突然、Dさんが話し始めました。
「Dさん、どうぞ」
「はい。放課後の○○で、私に悪口を言ってくる人がいます。今までは話せなかったけど、きちんと話をしたいと思います」
「とても勇気のいる話をしてくれてありがとう。勇気をもって伝えてください。困ったら先生が助けますから」
　その日の夕方、Dさんは直接話をしたようです。私からも翌日、悪口を言っていた子どもを呼んで事情を聞くとともに、悪口を言われた人の気持ちを考えることや、悪口を言っていると自分がどう思われるのか考

えさせました。悪口はいじめにもつながります。低学年のうちに全員が真剣に考える機会をもたせることが大切です。

振り返り

　子どもも大人も、悪口を言わない人の特徴として、いくつか共通することがあるように感じます。

　まずは、プラス思考であり、自分に自信をもっているということが挙げられます。結果として人の良い面を見ようとしたり、謙虚であり人の話に耳を傾けたりすることができる人が多いです。さらに、心の余裕があるように思われます。

　逆に、"子は鏡"というように、周りの大人が悪口を言うと子どもも影響受け、悪口を言う場合が多いように感じます。

　まずは、大人が範を示すべく、悪口を言わないことが大切だと考えます。また、プラス思考で「ほめ言葉のシャワー」のような、前向きな見方や考え方をしていくことが大切なのではないかと改めて感じています。

　『あなたがたとえ氷のように潔癖で雪のように潔白であろうとも、世の悪口はまぬがれまい』

　というシェイクスピアの格言があります。人のとらえ方は千差万別であるため、何をしても悪口を言う人がいると思った方が現実的です。周りの視線や批判を気にしすぎないようにすることも大切なのではないでしょうか。

　悪口を聞いた際に、言われた方は怒り心頭になりがちですが、怒ることなく自分の心の声に従って自信をもって行動していくということも子どもたちに伝えていきましょう。

〔川尻年輝（菊池道場長野支部）〕

④時間を守らないとき

時間を守る＝信頼への第一歩

🖊 こんな場面はありませんか？

- 時間を守ることに対する意識が低く、時間を守らなくても平然としている。
- 休み時間、自分のしたいことに熱中してしまい、授業や掃除の開始時刻に遅れてくる。

💡 時間を守ることが信頼へとつながる

「時間を守りなさい」

私たちも子どものころから耳が痛くなるほど教えられてきたことだと思います。それだけ「時間を守ること」が大切だからです。なぜ時間を守ることが大切なのでしょうか。それは「時間を守ることの先には必ず相手がいる」からです。たとえば待ち合わせ。仕事でも遊びでも待ち合わせをしていれば必ず相手がいるはずです。もし遅れてしまったら、その先の予定に影響がでてしまい自分だけでなく相手にも迷惑をかけてしまいます。

また、「時間を守る」ことは信頼関係を築くためにも大切なことです。もし「時間を守れない人」とレッテルを貼られてしまうと、信頼を取り戻すのが難しくなってきます。だからこそ、しっかりと時間を守れるように育てていきたいです。

> **伝えたい価値語**
>
> 「時間は命」「『待たせる人』でなく『待つ人』に」
> 「『準備力』のある人に」「心と時間にゆとりを」

❖ 指導の実際

■指導の初めの様子
　4月当初の1週間は、時間を守ることができていました。しかし、慣れてくると授業の開始時刻になっても大半の子たちが着席していないことがあり、時間に対する意識が低いと感じる行動が目につくようになりました。

■時間を守れていないことに気づかせる
　ある日の業間休みの後です。授業開始時刻になっても男の子たちが教室へ戻ってきませんでした。その時、私は開始時刻と同時に授業を始めました。「遅れてきた子どもたちを待たないのか」と思うかもしれません。時間を守った子たちに「正しい」と感じさせるとともに、時間を守れない子たちが時間を守れていないことに気づくよう、授業を始めました。

　数分後、遅れていた子たちが焦って帰ってきました。子どもたちは驚いた表情でした。私は、帰ってきた子どもたちを黙って座らせるのではなく「『遅れてすみません』という謝罪＋遅れた理由」を言わせるようにしました。時には委員会の仕事など仕方がない理由で遅れてしまう子もいます。ですから必ず理由を聞きます。

　子どもたちが遅れた理由は、残念ながら「サッカーをしていて遅れた」という理由でした。理由を言った後、ここでは叱らず「次は遅れないようにしましょう」と一言だけ言って授業に参加をさせました。

　私はあえて、ここでは叱りませんでした。4月当初に先生が叱るときの約束の一つとして、「同じ過ちを改善せず、繰り返したとき」というのを話していたからです。「次」を期待して1回目の指導は終わりました。

■同じことを繰り返したときに「叱る」
　前日、授業に遅れて来た子どもたちも、次の日からは遅れずに授業に参加をすることができました。できた時には「昨日の失敗を生かしていますね。さすがです」とほめることで、失敗で終わらせるのではなく、

子どもたちの頑張りに変えることができました。

　しかし、1週間ほどすると「緩み」が出てきました。また授業の開始時刻に遅れる子がでてきました。この「緩み」が叱るチャンスと感じ、時間についての話を子どもたちにしました（以下Ｔ：教師、Ｃ：子ども）。

> Ｔ：※黒板に「3×200」と書く。
> Ｔ：何の計算でしょう？
> Ｃ：※子どもたちがいろいろな予想を言う。
> Ｔ：この式はもし1日3分無駄にすると…という式です。200は1年間で学校に来る日数です。答えはいくつになりますか？
> Ｃ：600です。
> Ｔ：時間にすると、何時間だろう？
> Ｃ：えー！難しい！
> Ｔ：60で割ってごらん。
> Ｃ：あっ。簡単だね。10だ！
> Ｔ：そう、答えは10です。この計算からわかることは、1日3分無駄にすると1年間で10時間無駄にしているということです。
> Ｃ：えっ、そんなに…。ものすごい時間になるんだね…
> Ｔ：10時間あったら何ができるだろうか？
> Ｃ：読書とか勉強とか、いろいろなことがたくさんできるね…

その後、私は

> 「『待たせる人』でなく『待つ人』に」

という価値語を黒板に書き、さらに以下のように話をしました。

> 遅刻をすることは人の時間を奪っているということです。それは

> 時間を泥棒していることです。たった3分の遅刻でも毎日すると、これだけの時間を人から奪っていることになるのです。奪った時間は返すことはできません。だから時間は大切なのです。あなたたちは人を待たせる人になりますか？それとも人を待つ人になりますか？

挙手をさせると全員が「待つ人」に手をあげました。「これから大きく成長していくみなさんなら、明日から全員が時間を守ることができますね」と期待を込めて話を終えました。

この日以降、「時間を守れていてさすがです。『待つ人』になっていますね」と、時間を守れたことへの価値付けをしていき、時間に対する意識をさらに高めていきました。

■子どもたちの変容
○成長ノート：テーマ「5年生はなぜ時間を守れるのか」

> ・時計を見ているからです。今までは、いっぱい遊んでいて時計を見ていなかったけど、今はいっぱい遊んでいても時間には座って準備もしています。
> ・一人ひとりが時間を気にしながら生活できているからです。一人が気づいていないときはみんなが教えてくれるし、みんなが気づいていないときには一人が教えてくれます。みんなが時間を気にしているから時間を守れるのだと思います。

○教師の見取り

子どもたちの成長ノートにもあるように、子どもたち同士で声をかけ合い、時間を守ろうとする姿が見られるようになりました。互いに声をかけ合うことで時間に対する意識が向上し、時間を守ることが私の学級では当たり前のことになりました。

📎 振り返り

　今回の指導では、子どもたちの行動を待つ教師の姿勢が大切なのではないかと感じました。1回目の遅刻で「あえて叱らなかった」場面があったのも子どもたちが改善し、行動することを信じていたからです。2回目も同じく、子どもたちが意識を変え行動するだろうと信じて叱りました。叱っても、子どもたちがすぐに変わるのは難しいと思います。しかし、すぐには変わらないからといってトラブルをそのままにしておくのもいけません。トラブルをチャンスと捉え、子どもたちの成長を長い目で見て「待つ」という教師の姿勢が必要だと感じました。

〔菅野雄太（菊池道場千葉支部）〕

第4章 叱る指導の実際　教室あるある

⑤物が散らかっているとき　1

「環境は自分たちでつくる」

こんな場面はありませんか？

- 図工セットが散らかっているのに、知らないふりをする。
- 落とし物があるのに「自分の物ではない」と言って拾わない。
- 掃除を手抜きする。

環境は自分たちでつくる

　教室。それは学校で過ごす「自分たちの家」です。自分たちの家では、誰もが快適に過ごしたいと考えています。

　整っている教室環境は、落ち着いた空気を生み出します。逆に乱れている教室環境は、落ち着かない空気を生み出します。

「環境が人をつくる」という言葉もあるように、教室環境が整えられているかどうかによって、そこで生活する子どもたちの心も変わってくるのです。また、安全管理の面からも、整理整頓された状態にしておくことは大切です。

　自分たちが過ごす教室だからこそ「環境は自分たちでつくる」といった態度を、一人ひとりに身につけさせたいと考えます。身についた態度は、学級から学年、学校へと広がっていきます。そこから、「自立」や「自律」といった成長へとつながり、公の社会で生きていくための土台となっていくのです。

伝えたい価値語

「環境は自分たちでつくる」「当たり前のことを当たり前に」

❀ 指導の実際

6月下旬に、「自分たちの環境を自分たちで整えない」ことに対して叱りました。

■指導前の様子

○自分たちで整えていく（教室リフォーム）

　ある程度は自分たちで教室のレイアウトを決め、教室内をリフォームすることから始めました（教師が意図して行う掲示物コーナー以外の場所のみ）。「使いやすくて過ごしやすく」なるよう、子どもたちは隙間の時間を有効活用し、環境を整えていきました。

○最高学年としての姿

　1年生が入学後、しばらくの間は6年生が1年生の掃除補助を行いました。最高学年として、箒の使い方や雑巾がけの仕方、物の片づけ方の範を示すのです。下級生に範を示したことで、最高学年としての在り方を自覚させ、よりよい姿を目指すことにもつながっていきました。

○中だるみの時期に…

　上記のように最高学年として、1年生の面倒見や委員会やクラブ、縦割り班の長として大活躍していた4～5月。教室環境も自分たちで整えていっていました。移動教室（遠足・集団宿泊的行事）が終わり、天気のすぐれない日が続いた6月下旬のことです。外で遊ぶこともままならず、室内で遊ぶことが多くなっていました。それに併せて気持ちにも緩みが出始め、室内遊びの後はそのままで片付けなかったり、掃除を手抜

きしたりする姿も見られるようになってきていました。
■「自分たちの環境を自分たちで整えない」ことを叱る
　そんなある日の朝。教室に入ると、丸まった紙くずや昨日配ったはずのプリントが落ちていました。明らかに気づいているのに、拾おうともしない子どもたち。

> 「朝、教室に入った時に、落ちているごみやプリントに気づいた人はいますか」
> 　数名が挙手しました。指導をしていく中で、気付いていても、「自分の物ではないから」と拾わなかった子どももいました。
> 「自分たちが過ごす教室です。ごみやプリントが落ちっ放しでよいのでしょうか。自分の物ではないからと言って、知らないふりをしていてよいのでしょうか。今から、教室内を散らかして構いません。散らかった状態で過ごしてみましょう」

　そう投げかけて、あえてそのような環境をつくるよう促しました。
　1〜2時間目。授業中に離席をして学び合う際、落ちている物を避けながら移動していた子どもたち。不便そうにしている子どももいました。
　授業の合間の準備時間。他の学級の子どもたちも様子を見に来て、「おかしいな」といった表情。学級の子どもたちは落ち着かない様子。
　中休み。散らかしていた物を自主的に片付け始める子どもたちが出始めました。「このままではいけない」と思う気持ちを行動で表し始めたのです。

○誰たちのクラス？〜過ごしやすい環境とは〜

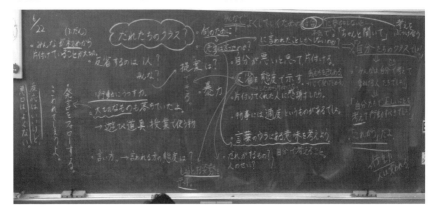

3時間目の始まりには、整理整頓された状態に戻っていた教室。

「教室の中が当たり前の状態になりました。中休みに片付けた人たち、当たり前のことが当たり前にできましたね」

と、みんなの前で担任から伝え、ほめました。ほめたことで、暗に散らかしっ放しにしていた子どもたちを叱ったのです。
「何で片付けたの？先生は散らかしていいって、言っていたじゃん！」
と、中休みの出来事を知らず、教室へ帰ってきたAさん。
「先生が言った、言葉の裏にある意味を考えなよ！」
片付けを行ったBさんが言いました。そこから、全員で話し合いが始まりました。基本的に、担任は子どもたちが発言したことを板書することに専念しました。
「先生に言われたことしかしないの？自分たちのクラスでしょ！」
「みんなは考えて、自分で動ける人たちでしょ！だからこそ、自分たちで考えて、正しい行動をすべきでしょ！」
と、涙ながらに自分の思いを伝えていたCさん。
「みんなでよくしていくための話し合いなのだから、話し合いに本気で参加しようよ！」

とDさん。Dさんは話し合いの中で、クラスを過ごしやすくしていこうとする友達の発言を精一杯フォローしていました。

■子どもの変容
○教師の見取りおよび成長ノートから
　「自分たちの環境を自分たちで整える」ことについて考えたこの話し合い。その中で、学級の友達のことを思う気持ちや、自分たちのよさを訴え、自分たちが目指すべき姿を伝えようとする思いをもった子どもたちがいることにも改めて気づかされました。

　この話し合いの後、物の扱い方や掃除の仕方について、成長が見られました。また、生活場面の中でも整理整頓を行う姿が見られるようになりました（次ページ写真参照）。

○成長ノートから

○生活場面の中での変容

その後のAさん。棚の整理整頓をしたり、掃除中に＋αの仕事に取り組んだりする姿も見られるようになりました。

やるべきことへの具体的な言葉かけと称賛でこのような姿が増えました。

振り返り

「あえて散らかした状態を体験させること」と「子どもたちに話し合わせること」は、子どもたちの自治力を信じ、指導したものです（持ち上がりの担任だったこともあり、実態把握できていた面もあります）。

「過ごしやすい環境」を子どもたちが継続して自らつくっていけるよう、その都度この時の話し合いの振り返りをしたり（成長ノートと価値語モデルの活用）、目指すべき姿を再確認させたりすることが必要であると感じています。

〔米山潤（菊池道場東京支部）〕

第4章 叱る指導の実際 教室あるある

⑥宿題をやらないとき

宿題指導で個と集団を育てる

こんな場面はありませんか？

- 宿題を提出する子としない子が二極化している。
- 登校してから宿題をやっている（朝のうちに揃わない）。
- 宿題忘れを何度も繰り返す子がいる。

宿題を出すことの価値を考えてみる

　本学級では、「揃う」ということを子どもたちが意識しています。「整列時に列が揃う」「授業の準備が揃う」「心が揃う」などです。その中に「宿題が揃う」という意見も出されていました。

　しかし、4月から揃うことはありませんでした。だからこそ、1年間を見通し、個の成長面と、集団として高めていくことの両面を大切にしたいと考えました。集団の中の個であることを示しつつ、学級を支える一員だという意識を高めていくのです。

　個に指導したい価値には、「責任をもって宿題をやってくる」「約束を果たす」という価値があります。また、「担任や友達が見ていない家庭（裏）でも、やるべきことを当たり前に行う」という価値もあります。宿題が揃うことで、「みんなで達成する」という価値も生まれます。子どもたち一人ひとりが集団の中で成長し、個の自立・自律に導くこともできるのです。そのため、集団としての高まりも、価値としておさえます。次のような価値語を子どもたちと考えました。

> **伝えたい価値語**
>
> 個人…「当たり前を当たり前に」「裏を美しく」「1.01と0.99の差」
> 集団…「パーフェクト」「一味同心」「集団化」「揃う」

❀ 指導の実際（6年生）

　4～5月の時点で、学級としての目指すべき姿（3月の像）をいくつか考え、指導していきます。それらは、1年間の布石となるものです。

　右のポスターは、目指す姿の一つとして「揃う」ということを示したポスターです。このように可視化することで、子どもたちの意識は格段に高まります。そして、指導が必要だと思うときに、このポスターに立ち返って指導することができるようになるのです。

■個々に気づかせ、価値語で諭す

　宿題忘れは、毎日起こりうる「あるある」です。しかし、1年後を見据えて指導する気持ちの余裕があれば、ある程度「見逃す」ことができます。ここで言う「見逃す」とは、「許す」という意味ではありません。初期の段階では、子どもたちに「宿題」とはどのような価値があるのかを考えさせる時期なのです。次のように叱っていきます。

- ・宿題を出さなくてもよいと思っているのですね。
- ・そういう姿は、6年生として成長していると言えるのでしょうか。
- ・6年2組の一員としてふさわしい行動でしょうか。

　こういった宿題忘れの場面を、その子につぶやくように伝えていきます。同時に、宿題を出している子には、「当たり前のことができて偉い」「約束を守ってくれて嬉しいなあ」などと声をかけていきます。望ましい

姿と、そうではない姿を明確にするなかで、宿題を毎日出すことの大切さを子どもたちに少しずつ気づかせていきます。

さらに、前述したような価値語を提示し、その意味を語り聞かせるなかで子どもたちを感化させ、諭していくのです。

■子どもたち同士で考えさせる

すると「Aの道」をキーワードに「成長」しようとする学級内に、「このままの状態でよいのか？」という疑問が生まれ、「揃う」ことを求める子どもたちが出てきます。「言葉は実体験を求める」のです。（「価値語100ハンドブック」（中村堂）参照）

6月中旬、ある子が提出された宿題をチェックしていました。私は、右上のようなシーンを価値語モデルとして写真に撮り、「揃う」という価値語を添えて紹介しました。すると、その子が「先生、宿題のことでみんなに言いたいことがあるんですけどいいですか？」と私のところに来ました。そして、次のように話しました。

> …えっと、みんなにお願いがあるんですけど、いいですか。最近、宿題が揃ってないんですよ。だから、できれば、明日からちゃんと宿題を出してください。で、宿題が揃うってことは、みんなのやる気とか、心が揃うってことじゃないですか。みんなで成長するためにも、集団になるためにも、宿題が揃うといいなあと思うので…お願いします。

4月に布石としていた「揃う」ということを引き合いに出し、宿題が揃うことで個人としても学級としても成長しようというメッセージでした。「個人でやるべき宿題だが、学級全体の意識として取り組むべきだ」という学級の課題として捉え、成長につなげようとする姿勢でした。こ

のように、メッセージを発信しようとする責任ある積極性と、それを受け止め、真剣に考え合う温かい学級の空気を大いに価値付けてほめました。

■価値を伝え、分からせていく

その子の話の後、次のように価値語を伝え、確認しました。

・宿題は毎日出ます。「0.99 と 1.01 の 365 乗」を考えます。絶対に忘れません。
・宿題を出せるということは、学校でも家庭でも「当たり前を当たり前」にやることです。家庭という「裏」も大切にします。
・6年2組は全員一人も見捨てません。全員で「パーフェクト」を目指します。先生は、きっとできると信じています。

決して、問題が起こった時だけ叱るわけではありません。このように望ましい行動に合わせ、予め価値を含ませて叱ることもあります。伸びようとする子どもたちの背中を押すための叱り方もあるのです。

■関わらせ、育てる

2学期に入ると「チェックイン会社」という係が立ち上がりました。宿題を出さなければ、学級にチェックインできないという意味を含んでいます。その活動は、毎日宿題が提出されているかチェックをすると同時に、上の写真のように一定期間忘れなかった友達への表彰式も行っています。

また、宿題忘れが目立つようになると、学級全員にアンケートをとり、「どうしたら宿題忘れが減り、『パーフェクト』になると思いますか？」

と課題解決のために友達を巻き込んで全員で考えています。

叱る指導を継続して行うことで、子どもたちが自分たちの成長のため

に考え続けるようになり、育っていくのです。

振り返り

　叱るタイミングや方法は、学級の実態や教室の人間関係により様々です。宿題の場合は、個人を叱る場合と、学級全体を叱る場合があります。

　しかし、学級が集団として高まる前に全体を叱っても、子どもたちにはなかなか響きません。個々に宿題の価値を考えさせるように叱り、徐々に学級全体に浸透させていきます。そして集団化が進み、宿題を忘れてくる状況を問題視するようになるなかで、全体を巻き込んで叱ることができます。

　突然のように、「"いけない"ことを"いけない"のだ」と叱っても効果はありません。宿題一つとってみても、様々な側面を含んでいます。子どもによっては、習いごとがあり、放課後から夜の時間が使えない子もいるでしょう。家庭環境によっては、宿題ができない理由がある子もいるかもしれません。

　教師は、そういった子どもたちの内側や裏側に隅々まで思いを馳せた上で、それでも立派な人間に育ってほしいと願いをこめ、ほめることと同時に叱り続けていかなければならないと考えています。

　右の写真は、ある日の宿題が揃った「パーフェクト」の様子です。「きっとよくなる」「絶対に揃う日がくる」と、宿題が揃うことを心から願い、子どもたちを信じる気持ちがなければ、このように揃うことはありません。「私はこのような状態をほめたい」そう強く思うからこそ、叱ることができるのです。

〔古舘良純（菊池道場千葉支部）〕

第4章 叱る指導の実際　教室あるある

⑦同調意見をとるとき

同調することは格好悪い

こんな場面はありませんか？

- 意見を発表する児童が決まっている。
- 自分の意見をもてない児童がいる。
- 話し合いで決まった児童のみ活躍し、盛り上がりに欠ける。

同調することは格好悪い

　子どもたちには、「同調することは格好悪い」ということを訴え続けていきます。同調とは自分の意思がなく、それは他人の道を歩かされているということ、それでは世の中を生き抜くことができないということを学ばせるのです。そして、主張することで自分の意思が宿り、自ら人生設計をしていく力が養えることを、子どもたちに学ばせるのです。

　子どもたちは主張に挑戦する中で、失敗への恐れや不安を経験することになります。みなさんは新しい職場、新しい立場など環境が変わったとき、不安な思いを抱きませんか。これは、子どもの世界も同じなのではないでしょうか。そこで、クラスの雰囲気を聴き合う温かい環境に調えていき、安心できる環境を創っていくことも同時にしていくべきことだと考えます。子どもたちの主張への高い意識と安心できる環境の構築が、同調する意識の払拭につながるのです。

> **伝えたい価値語**
> 「参観者ではなく参加者」「指示待ち症候群になるな」
> 「人と意見を区別する」「意見を変える＝よく考えている証拠」

❀ 指導の実際

■4月のクラスの実態

　私が担任しているクラスは4月のとき、意見を発表できる児童は全体の約2割、発表できない児童の中でも意見をもつことすらできない児童が何人かいました。活躍する児童はどの授業でも一緒。意見を発表できる児童も、自分の意見さえ伝えられればそれでよしというような様子でした。授業に参加しようという意識や友達と学び合っていこうという雰囲気が乏しかったことを覚えています。

■主張への高い意識を育てる指導

○「参観者ではなく参加者」

　5月に学級目標を決める学級会を行いました。どんなクラスにしたいかをノートに書かせる時間を確保したところ、ノートが真っ白の児童がいました。その後、全員参加による話し合いをさせました。案の定、話し合いに参加しているのは特定の児童でした。

> 　5－3は32人で成り立っている。それなのに、数人しか発言しない、数人しか話し合いに参加しない…。自分たちのクラスの目標を決めようとしているのに、なぜ参加しようとしないのですか。

　学級目標づくりというタイミングもあったため、この時期に全員が参加することに意味があることを伝えました。

> 　参加することで相手の価値観に触れることができ、そこから新しい学びが生まれます。そうやって人として成長していくのです。参加しないといつまでも自分の価値観の中でしか生きられないのですよ。

　主張し合うことで自分とは違う価値観に触れられるのです。それが学

びです。しかし、この段階でクラス全員に発言をさせるのは高い目標であると考えました。そこで、参加というのは活動に一生懸命取り組むこと、ということを伝えました。発言することはもちろん参加ですが、メモを取ることも友達と話をすることも一生懸命行っていれば参加しているということになる、ということを伝えました。クラスの実態に合ったハードルの高さにすることも大切です。

○「指示待ち症候群になるな」

5月の運動会の時期に、指示を待ってから動くことについて、私から子どもたちに伝えました。

> 指示を待ってから行動するというのは「やらされている」ということです。つまり、他人の道を歩かされているということです。自分の意思で歩けないということです。格好悪いと思いませんか。

先ほどの「参観者ではなく参加者」にもつながるのですが、ただ周りに合わせていればよいという雰囲気を壊していきます。自らの意思で動けるということは、自分の考えをもっているということです。自分の考えをもてる子が増えると、学級が活気づきます。そうなることで、自分の意見を伝えようという雰囲気が生まれ、同調しようという雰囲気はなくなっていくのです。

■**安心できる環境の構築に向けた指導**

○「人と意見を区別する」

6月、話し合い活動に参加する児童が増えてきました。そこで、話し合い活動を深めるために、「意見を否定する」ことの重要性を児童に話しました。意見に同調してしまう児童が多いクラスほど、話し合いに深みが生まれてきません。そこで、児童たちに「人と意見を区別する」という価値語を伝えました。

話し合いに必要なことは、比べるという活動です。どうしてその意見がいいのか、どうしてその意見はだめなのか、意見を比べるからよりよい意見が生まれます。比べる活動をする中で、時には「意見を否定」することも起きてきます。しかし、それは人を否定しているわけではありません。意見を否定するのです。

話し合いは「思いやり」

一、相手の目を見て話す、聴く。
二、相手に伝える。
三、意見に対して反論しても、発表者の人格は否定しない。
四、自分の気持ちを正直に話す。
五、相手の立場を想像しながら話す。
六、「例えば…」などを使い、分かりやすく説明する。
七、決まったことはきちんと従う。

　どうしても人から意見を否定されると、自分のことが嫌いなのかなという不安が生まれます。この不安が、同調するという行為につながってしまうのだと思います。不安を未然に防ぐためにも、否定することは必要ということ、そして人を否定してはいけないということをクラスに浸透させることで、不安なく友達の意見に対して自分の思いをもてるようになるのです。

〇「意見を変える＝よく考えている証拠」

　私は授業でも学級会でも、ネームプレートを使って自分の意思表示をさせています。自分の意見に責任をもたせるためです。「参観者ではなく参加者」という価値語とリンクします。

ある授業で、Aさんが「意見を変えてもいいですか」ということを言ってきました。このことを大いに称賛しました。

> 友達の意見をよく聴きよく考えたからこそ、意見を変えたくなったのだね。これが参加するということだね。

　意見を変えることはよくないと思われがちですが、相手の意見を自分ごととして考えているからこそ悩むのではないでしょうか。それこそ、立派な参加者なのです。これを機に、意見は変えてもいいのだという安心感を児童たちはもてるようになり、自分の意見を躊躇なくノートに書いたり、友達に伝えたりできるようになりました。
　また、自分の意見で友達のネームプレートを動かしてやるぞと意気込んで話し合いに臨む児童も出てきました。より一層話し合い活動が活発になってきました。

■クラスの子どもの変容
　11月現在、クラスの児童の約7割の児童が活発に発言できるようになりました。発言できない児童も、自分の意見をしっかりもつことができるようになりました。発言がすべてではありません。しかし、発言しようとする気持ち、自分の意見をノートにしっかりまとめ、友達とすすんで交流する気持ち、これらは参加者としての意識が芽生えてきた表れです。同調する雰囲気はなくなってきました。

振り返り

■主張できる＝自己肯定感の高まり
　「1年生のころに発言で失敗して、それがトラウマになっていた」
　2学期になって発言することが多くなってきたBさん。児童との面談期間があった11月に、そのBさんがふと私に漏らした言葉でした。私も経験があるのですが、自分の発言を笑われたり、聴いている人のリア

クションが薄かったりすると、自分の発言は間違いだったのかと考えてしまい、発言するのが怖いという思いに駆られます。この恐怖心があっては、人と同調してしまう気持ちは拭えません。

そんなＢさんはどうやってこのトラウマを乗り越えたのでしょうか。
「友達が発言しようと頑張っていたので、自分もやってみようと思った」

そう答えてくれました。Ｂさんの言葉から、自分もできるかもしれないという自信、やってみようかなという挑戦心が感じられました。Ｂさんの自己肯定感が高まってきている…成長を感じた瞬間でした。

> 人は何かに挑戦している時、輝けるのです。そういう人に神様はチャンスを与え、良い結果を授けてくれるのです。神様は頑張っている人にご褒美をあげるのですよ。

私がよく子どもたちに伝える言葉です。成長のチャンスはたくさんあります。児童たちがそのチャンスで、一歩を踏み出そうとしない時には叱り、一歩を踏み出せない時には励まし、一歩を踏み出せた時には称賛し、この繰り返しが児童の素直な心を磨き、また成長への道標となるのです。そうしていく中で、児童たちは自分の成長を感じられるようになり、自信をもてるようになるのです。そして、自分の意見を堂々と伝えることができるようになります。友達にどう思われるかを変に考えなくてすむようになるのです。

■聴き合う学級の雰囲気も欠かせない

同調する児童の気持ちには、クラスの雰囲気も関係しています。大人の世界でも立場の強い人がいると、その人の意見に流されてしまうことがあります。クラスは同年齢の集団なわけですから、立場に差があるのはおかしいです。そのため、クラスの雰囲気を一人も見捨てない、どの子も公平だという空気にすべきなのです。

和を乱すような行為や発言には、担任が毅然と叱るべきです。

> あなたのその発言が、クラスの友達の心を傷つけているのです。友達は頑張って発言しようとしていたのです。その覚悟が分かりますか。

「何、その意見」「何言っているか分からない」などのような、同調する雰囲気につながってしまいそうな発言は、しっかり叱るべきです。ここで気をつけたいのは、どうしてその発言がダメなのかをしっかり伝えることです。やみくもに叱るのではなく、友達の覚悟を伝えること、その友達の覚悟をしっかり受け止めるのが友達の使命だということを伝えることで、よく聴くことの意味を児童が理解します。その繰り返しが、児童の聴き合う雰囲気、気持ちよく話せる雰囲気につながるのです。

　Bさん同様、発言が多くなったCさんがこんなことを言っていました。
「発言が多くなったのは、友達がよく聴いてリアクションをとってくれるからです」

　よく聴いてくれる、自分が話したことに対してよい反応をしてくれることは、発言してよかったという安堵感につながる。Cさんの言葉からそう強く感じました。Cさんはどの場面でも自分をもって自分の考えを友達に伝えられるまでに成長しました。聴いてもらえる心地よさを味わえたCさんは、今後自分がよく聴こうとするはずです。そうすることで、Cさんのように変われる児童が現れるでしょう。そのようにして、教室の安心感は高まっていくでしょう。

〔津田拓也（菊池道場栃木支部）〕

第4章 叱る指導の実際　教室あるある

⑧嘘や言い訳を言うとき

「近くの得より遠くの徳を！」

✎ こんな場面はありませんか？

・目撃者がいるのに「ぼくは友達を叩いていません」と嘘をつく。
・廊下を走ったことを注意すると「○○さんも走ってました」と言い訳をする。
・宿題をやっていないのに「家に忘れました」と言う。

💡 素直な受容が成長につながる

　人はなぜ嘘や言い訳を言うのでしょうか？
　それは、自分を守るためです。
　しかし、自分を守れるのは一時的なことは子どもも分かっています。遅かれ早かれ嘘がばれると、信用を失います。
　悪いことをしてしまったとき、正直に言うとその場では叱られます。
　その場では損をするようですが、長い目で見れば本人の成長や、周りからの信頼の獲得という「徳」につながるのです。
　そのメリットから「近くの得より遠くの徳を！」と伝えましょう。
　しかし、指導の際には、子どもの心情を汲み取ることも大切です。
「あなたの気持ちはよく分かります。でも、嘘がばれるとどんなことが起きると思う？」と、嘘をつくデメリットについて一緒に考えましょう。
「正しい叱られ方」の素直な受容こそが、成長への第一歩なのです。

> **伝えたい価値語**
>
> 「近くの得より遠くの徳を」「素直なAのバケツ」「信用の貯金」
> 「自業自得」「楽あれば苦あり」「正しい叱られ方」

❦ 指導の実際

■友達の物を隠したＡさんへの「叱る指導」

ある日、ある子の物が隠されてしまいました。

何人かの児童と一緒に探すと、すぐに見つかりました。

その直後、教室で全体への指導を行いました。

「隠してしまった人は正直に言ってごらん。悪いことは悪いんです。以前『正しい叱られ方』で学んだように、素直に受け容れることが成長には大切です」

穏やかな口調で言いましたが、笑顔は見せずに全体を叱りました。

そして、挙手方式、目を閉じての挙手方式、アンケート方式と、いくつかの方法で確認をしました。

しかし残念ながら、その日は正直に名乗り出てくれませんでした。

隠されてしまった子には「隠してしまった子の代わりに謝ります。ごめんなさい」と、私が謝りました。

しかし後日、植物の茎が誰かに折られるという事件が起こり、そのことでアンケートを取ったとき、Ａさんが「前に物を隠しました」と名乗り出てくれました。

私はアンケートを実施した後、少し時間をおいてＡさんを呼びました。「よく名乗り出てくれたね。もう自分では反省してるんだよね。隠された子の気持ちは分かるよね？」と、短く確認をしました。

○「嘘と言い訳」の授業

その指導から数か月後に「嘘と言い訳」の授業をしました。

クラスが落ち着いてきていて、クラス全体がこれから成長しようという時期でした。

確実に成長するために足元を固めたいと考えました。

まず、指導する内容を自分のこととして捉えさせるため「今まで嘘や言い訳を言ったことがありますか」と全員に聞きました。

敢えて明るい雰囲気で進めました。

厳しい雰囲気では、自分の嘘や言い訳を正直に発表しにくいからです。
　「宿題が終わっていないのに『終わった』と言う」「休み時間に本当は遊べるのに『今日は遊べない』と友達に断る」などの意見が出ました。
　「それあるある！」と言いながら授業は進みました。

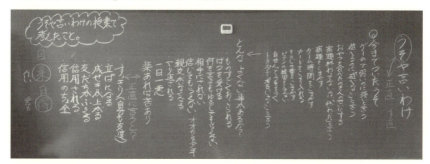

　次に、「嘘や言い訳を言うとどんなよくないことがあるか」というデメリットを考えさせました。
　デメリットを具体的に考えさせることで、嘘や言い訳を言うのは損だという意識づけをするためです。
　さらに、「正直に言うとどんなよいことがあるか」というメリットを考えさせました。
　人間は、自分にとって得になることを積極的に行うからです。
　「自分も友達もすっきりする」「立派になる」「成績が上がる」「友達がふえる」「信用される」などのメリットが挙げられました。
　「成績が上がる」とは、宿題をやらなかったとき、嘘をつかずに正直に宿題をやれば、結局は自分のためになるということです。
　そして、今回は四字熟語の「自業自得」という価値語を提示しました。
　最後に、個人で振り返る時間を取りました。
　成長ノートに「嘘や言い訳の授業で考えたこと」というテーマで書かせました。
○Aさんのその後
　Aさんは今回の授業で積極的に発言しました。
　そして、成長ノートにはこのように書いていました。

うそをついてはいけないんだなあと思いました。やっぱりじゅぎょうってすごくやくに立つと思いました。わたしが一番いいと思ったのは、やり返されるです。それはまさに自業自得だなと思いました。自分がやったからそれをともだちにやり返されるのはあたり前だと思いました。

Aさんを呼んで「『じゅぎょうってすごくやくに立つ』って書いてあるけど、どういうこと？」と聞きました。

Aさんは、「いつもの授業では考えないことを考えられるからいいなと思いました」と答えました。

■嘘をついてしまうBさんの変容

Bさんはたまに嘘をついて友達とトラブルになることがありました。

Aさんがきっかけで全体指導した際の、Bさんの成長ノートには次のように書かれていました。

> 一つ目は、うそもついたらばい（倍）におこられるということです。うそがばれたらおしおきをされるのもあたりまえだからです。
> 二つ目は、うそをついて、ばれてないとしても、わるくなるだけです。ただあとでこうかいするだけです。

「ばれてないとしても、わるくなる」というのは、Aの道（成長への道）へ行けないという意味です。

怒られるから嘘をつかないのではなく「成長のために嘘をつかない」という基準を自分の中につくりつつあるのを感じました。

📎 振り返り

　なぜ、Aさんは後になって正直に名乗り出たのか。
　私自身、そのことを時々振り返っています。
　Aさんは「正直に言えば（大声での叱責という意味で）怒られない」と感じたからでしょう。
　このように「叱る指導」では、教師としても近くの得（犯人探し）ではなく、遠くの徳（子どもを育てること）を目的とすることの必要性を改めて感じました。

〔小松勝之（菊池道場茨城支部）〕

第4章 叱る指導の実際　教室あるある

⑨誰かがやってくれるだろうという考えのとき

出席者から参加者へ

🖉 こんな場面はありませんか？

- 教師の投げかけに対して、他人事で反応を示さない。
- 誰かがやってくれるのを待っている。
- マイナスな空気に流され、何も変えようとしない。

💡 誰かではなく自分がやる。他人事から自分事へ

　荒れた学級では、学級で起きていることに対して「自分には関係のないことだ」と、関わりを避ける子どもが多く存在します。子どもたちは家族や学校、学級という小さな社会に所属し、その中で自分の存在意義や存在価値を見出していくものです。しかし、現在の多くの子どもたちは、他人とつながることや目立つことを極端に嫌います。だから、人任せな子どもが教室に生まれ、学級や授業に勢いが生まれないのです。人任せな姿勢は、自分自身を守るための手段なのかもしれません。

　では、そのような学級の中で、子どもたちが人任せにしないで自分自身をしっかりもち、周りに流されない強い個に成長していくにはどうすればいいのでしょうか。私は、「自分がやったところで、何も変わらない」という弱い自分との決別が大切だと考えます。そのために、教師は集団の中における個の重要性について子どもたちに考えさせ、個の変容への布石を打つことが求められています。

伝えたい価値語

「出席者から参加者へ」「自分事」「人の2歩先を行く」
「分母に負けるな」「一人が美しい」

指導の実際

■授業における参加者意識

　1学期の5月の半ば頃。道徳の授業で導入の発問をしたところ、誰一人反応せず、周りをキョロキョロ見てうつむく子どもたち。そこで「道徳の授業やめようか」と話をしました。前日、社会の討論会で全員発表をし、全員参加の授業が実現した直後の授業だったので、余計に私はがっかりしていました。

> 　悲しいです。先生は、道徳の授業は「心を育てる」大切な時間だと言ってきました。今日の授業も先生は、本気で悩み、考え抜いてきたつもりです。何のためにそこに座っているのですか。お客さんですか。学びたい、成長したいという思いをもっていないあなたたちに授業はしません。成長ノートを出します。

　たかが1つの発問、たかが1時間の授業。しかし、教室におけるこういった瞬間は成長につながる大切な時間だということに気づいてほしかったのです。「中村先生の悲しい気持ちが分かりますか」と板書し、成長ノートに取り組ませました。

○成長ノートから

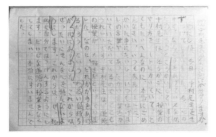

・「だれかが手を挙げるだろう」という悪い気持ちが心にありました。
・昨日の社会の授業で満足していたけど、もっと頑張ろうという気持ちになりました。

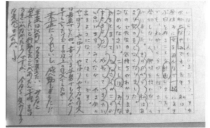

　私はやる気があります。でも、「頑張ろう」と言っても、やる気にならない人もいて、私は努力をしなくなりました。なので、先生の気持ちが分かります。今年はみんながまとまって、成長していきたい。

　教師の悲しい気持ちを通して、今の自分たちではいけないと気づき、自分事としてとらえてもっと成長したいと感じていました。

■行事における参加者意識

　夏休み明けの9月上旬。道徳の時間、リオオリンピックを教材にした授業を行いました。男子体操の2つの金メダルから、「個人総合の金メダルと団体の金メダル、どちらが価値があるのか」というテーマで熟議的に授業を行いました。集団としての意識が1学期後半から芽生え、束になって成長するという意識が強くなってきました。しかし、集団の意識が強くなる一方で、個の重要性が薄れている空気を感じるようになりました。そこで、強い集団には、強い個の存在があるということに気づかせたいと道徳の授業を行いました。

　翌朝のメッセージ黒板で、周りに頼っている自分について考える時間を取りました。

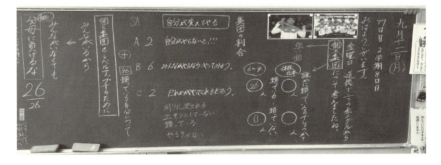

　運動会の練習、授業中の様子、学校生活における様々な場面で、「だれかに頼っている姿」が感じられます。助け合ったり、支え合ったりすることは大切だけど、今の君たちは、このままで集団として

ＳＡの道（成長をさらに加速させる道）を進むことはできますか。
　人は大きな集団の中であればあるほど、自分の役割を見失います。分母が大きければ、大きいほど「人任せ」になります。だから、「分母に負けるな‼」

○成長ノートから

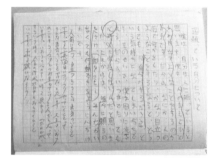
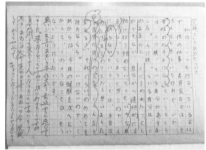

・個をきたえ、みんながいなくても行動できるように心がけたい。
・「自分が周りの空気、雰囲気を変える！」そのくらいのめあてをもたなくちゃ、いけない。今日の経験を次に生かします。

・自分が情けない。誰かがやってくれるからなど関係なく、いつでも、どこでも、本気でやっていきたい。「一人が美しい」だから、一人でもすぐに実行したい。自分がしたい。

　２学期は、授業や生活の中だけでなく、行事の中で最高学年としての参加者意識を考えさせました。周りの空気や雰囲気に左右されていた子どもたちに、自分たちで「空気を創る」という気持ちが芽生え始めまし

た。弱い個との決別を感じることができました。

■参加者意識を確信した出来事

　10月中旬。道徳の授業を行いました。はっきり覚えています。失敗の授業でした。「感動」をテーマにした授業。授業は重く、活発な意見交換がなく、心が動く授業になりませんでした。自分なりに授業の準備もイメージもしたつもりでした。5月の道徳の授業に似た感情になりました。子どものことを叱ろうという思いを抑え、「先生の授業はダメでした。貴重な45分間を申し訳ない。今日の振り返りは難しいでしょう。書かなくても大丈夫です」と伝えました。すると、子どもたちの鉛筆は止まるどころか、いつも以上に動き出しました。子どもたちは、この45分間に責任感をもって挑んでいると感じました。

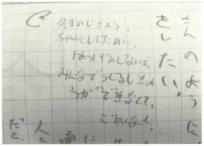

■子どもの変容

　あの頃、自分の考えや意見を述べられなかった子どもたちが、黒板に自分の考えを表現できるようになりました。授業に対して、消極的な出席者という意識は消え、積極的な参観者として45分間を勝負できるようになりました。

隣のクラスが理科の実験で帰ってこないと気づいた子が、声を掛け合って給食準備を行いました。広い視野と自分事の意識。誰かがやるだろうという気持ちが、自分がやらなくちゃという気持ちへと変化しました。

　学校では、ボランティアの一貫として「挨拶運動」を行っていました。雨の日になると、他学年のランドセルを拭いてあげる子が現れてきました。挨拶は当たり前、その先のことを考えて、2歩先3歩先を進む子が現れました。

振り返り

　自分の弱さを知ることで、弱さと決別することを選び、今を強く生きようと頑張れるのです。そんな子どもたちをこれからも応援して、支えていきます。

〔中村啓太（菊池道場栃木支部）〕

第4章 叱る指導の実際　教室あるある

⑩ 係決めや班決めでメンバーが固定するとき

自分の世界を広げる

🖊 こんな場面はありませんか？

- 2学期の係決めをするときに1学期と同じ仲間と係を選んでいる。
- 自分のやりたいことではなく友達を見て決めている。
- いつも同じ仲間で群れている。
- 仲の良い友達だけで行動しようとする。

💡 さまざまな価値観に触れ、自分の世界を広げる

　仲の良い友達と行動するのは、とても楽しいものです。お互いのことをよく知っている関係だと、より仲良く活動ができると子どもたちは思っています。

　その反面、いつも同じ関係の中にいると、その関係の中での自分の役割が固定されたり、新しい自分に挑戦できなかったりと、自分の世界が広がらないことがあります。また、仲の良い友達と一緒に行動したいために、自分の意見や考えを周りの人と合わせてしまい、自分で考えたり決めたりすることを止めてしまうようになることがあります。

　固定化されていない緩やかな人間関係の中では、様々な発見が生まれます。友達のよさ、関わり方、コミュニケーションスキルに関わること、そして新しい自分の発見。そのような発見の中で、さまざまな価値観に触れ、自分の世界を広げることが期待されます。

伝えたい価値語

「自分の世界を広げる」「いろいろな価値観をもつ」
「自己決定」「いつでもどこでもだれとでも」

❀ 指導の実際（2年生）

■指導前の様子

　1学期、新しいクラスでは大体の子どもが知っている友達と行動しています。新しいクラスや友達への不安や期待の中、さまざまな役割を決める時に、自分の意見を主張するのが難しい子もいます。1学期はとにかくいろいろな児童が交流できるよう、様々なグループ活動や班活動を仕組みます。席替えは1か月に1回、国語の音読劇や、生活科の探検のグループ、体育のチーム戦、ペアの音読練習など、毎日繰り返し交流していきました。その中で、新しい友達ができたり、仲良くなったりと、交友関係が広がっていきました。1学期は言葉がうまく使えずに喧嘩になってしまうことがあります。その都度、こうするとうまくいきそうだということを話し合ったり、助言したりしていきました。

　2学期の係決めや、生活科のおもちゃ作りグループでは、1学期同様に仲良しの友達と一緒のところがいいと、自分のマグネットを動かしている児童が数名いました。「自分のやりたいところに貼るんだよ」と声をかけても特に変化はありませんでした。

■叱った場面

　10月頃に、学活で「もっとせいちょうするクラスになるために」という課題を提示しました。誰とでも仲良くすることの大切さに気づかせたいと考えたからです。まずは、成長って何だろう、と考えました。子どもたちは、「今より何かができるようになること」「上手になること」と発表しました。

　そして、「今から言う言葉を聞いて頭に思い浮かんだものを絵にしてごらん」と言いました。「帽子」をテーマに一人ひとりが思ったことを絵にしました。すると、いろいろな帽子が出てきました。リボン付きの帽子や、麦わら帽子、コックさんの帽子、キャップなど。同じ仲間で集まって、振り返りをしました。すると、「いろんな帽子があった」「見たこと

がない帽子があった」とびっくりする子や、自分と同じ意見があってよかったと安堵する子がいました。いろいろな意見があることの面白さや豊かさに気づいてほしかったのです。

　次に、2人の児童を例に挙げてそれぞれのよいところを出し合いました。

　「なかまるこ」さんは、友達がいっぱいいる女の子です。でも何か決める時は、仲良しの友達と一緒に決めています。「なかまるお」くんは、同じく友達がいっぱいいます。でも、まるこさんとは違って、係は自分がやりたいものに手を挙げます。そして誰とでも仲良く活動しようとする子です。それぞれの良いところを考えると、「なかまるこ」さん、「なかまるお」くん、どちらもよい2年生のようです。

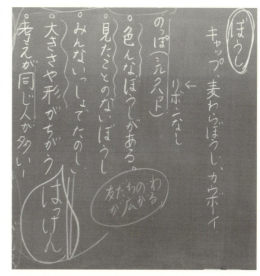

でも、今回の課題「もっとせいちょうするクラス」を目指すには、「なかまるお」くんが目標です。「なかまるお」くんは自分で考えて決めている、そして誰とでも仲良く活動しようとする。これは2年4組が目指したい一人ひとりの姿であることを話しました。誰とでも仲良しなんてすごいなという尊敬や憧れの気持ちと共に、今ある友達の輪がさらに広がりそうと、わくわくしている様子でした。

Hさんのノート

　この授業の振り返りで、Hさんは右上のように書きました。1学期、2学期、学童の友達に嫌なことを言われてしまい、友達関係に消極的になっていた児童です。たくさんの友達をつくって自分の世界を広げようとする前向きな気持ちが表れていました。

　また、いつも元気に友達と関わっているKさんは、今の自分に自信をもって、自分は「なかまるお」くんに似ている、これからも自分が思ったことはどんどん発言

Kさんのノート

しようと意気込んでいました。さまざまな友達と関わると、発見も増える、友達も増える、いいことがいっぱいだと最後にまとめました。

■子どもの変容
　この授業の1週間後に、音楽集会の役割決めがありました。手話やダンス、打楽器など、5種類の役割に分かれます。子どもたちは、友達と相談することなく、自分でこれをやりたいと自己決定していました。子どもたちが今回のように、周りを見ないで決めて、名前を黒板に貼っている様子を見たのは、今年度初めてです。ほとんどの役割が男女混合で決まりました。他のクラスの様子を聞くと、手話をやりたい人がいない、ダンスをやる人がいないなど、困っている様子でした。

以前より、自分の好きなことを自分で決めてやる、という意思をもつ児童が増えたように感じます。これからの行事に向けての練習や本番が楽しみになりました。
　さらに、帰りの会で行っているグッドタイム（友達の頑張ったところやよいところを発表する時間）に手を挙げる児童が多くなりました。以前は3人ほどだったのに、毎日平均10人位の児童が発表しています。「〇〇さんは、朝の歌の時間に大きな声で一生懸命歌っていて素晴らしいです」「〇〇さんは、掃除の時間に黙働で行っていました」など、一人が誰かをほめると、たくさんの手が挙がるようになりました。また、仲良しの同性の友達のことだけでなく、男女関係なくさまざまな友達の発見が発表されるようになりました。子どもたちの意識が変わったことで、クラスの雰囲気が良くなったのを感じます。

振り返り

　この実践を通して、子どもたち誰もがもっとよくなりたい、もっと上を目指したいという思いをもっていることを実感しました。叱る場面（学活）のすぐ後に、行事での役割決めという実践の場がありました。子どもたちの思いが冷めないうちに成長を発揮できる場は大切です。
　また、その際に、成長を認めようと教師が意識することも大切だと気づかされました。

〔飯村紘子（菊池道場茨城支部）〕

第4章 叱る指導の実際　教室あるある

⑪字が雑なとき

「書は人なり」

🖊 こんな場面はありませんか？

- ・読みにくい文字でノートをとっている。
- ・漢字学習の文字が雑である。
- ・日記や学級日誌の文字が雑である。

💡 文字と心のつながりに気づく

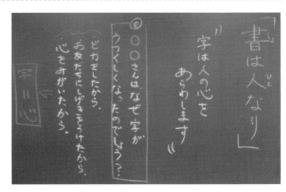

「なぜ丁寧に文字を書いた方がよいのか」考える時間をとります。

具体的には朝のミニ授業や学級の時間、道徳の時間を活用して、成長ノートに書くようにします。教師からの一方的な指導ではなく、児童自らが深く考えることを通して、文字と心がとても大きなつながりがあることに気づかせます。

どうしても忙しいときには仕方がないと思いますが、普段から丁寧に書こうと思う意識をもつことや、時間にゆとりのある時には落ち着いて文字を書いていけるように育てたいです。

伝えたい価値語

「書は人なり」「書を以て心画と為す」「心正しければ筆正し」
「字は心の鏡」「字は人の心そのもの」

指導の実際

■書は人なり

　文字と人の心のつながりについて、偉大な先人たちが教えてくれています。古くは、中国前漢の学者である揚子雲の「書を以て心画と為す」や唐代の書家であり楷書の四大家の一人と称される柳公権の「心正しければ筆正し」などが有名です。

　文字そのものが人の心を表したり、人の心の在りようが文字に現れたりということなのだと思います。これは、雑な字で書くことが、決してプラスにはならないことを現代に伝えてくれています。

　文字を丁寧に書くことの価値を考えると、集中力につながったり、書いていることで記憶に留まったりすることが挙げられます。また、人は丁寧な文字を書いている人に対して良い印象をもちます。さらには、自分の心を磨くことにもつながるのです。

　これらのことから、文字を丁寧に書かせることは、教育現場にとって不易な指導の一つであると考えます。低学年の早い時期に丁寧に書く習慣を身につけることで、とても大きな教育効果につながります。

■丁寧な文字を見よう

　国語の漢字授業のときや家庭学習において、漢字ドリルやノートを使って練習することがあります。その中で、丁寧な文字で書いてくる子どもと、やっつけ仕事のごとく短時間で雑な文字（殴り書き）で書いてくる子どもがいます。

　このときに、"美点凝視"で丁寧な文字で書いてくる子どもを取り上げ大いにほめます。ときには、丁寧に書いてくる児童のノートを見せたり、ドリルやノートをコピーし全員に配ったりします。

○百聞は一見にしかず

　丁寧に書いている同級生の文字を実際に見ることで、雑に書いている子どもにとって大きな刺激になります。また、丁寧に書けている子ども

たちにとっても、ほかの子の丁寧に書いている文字を見て参考になるはずです。

■雑な文字を書いていたＡくんの変容物語
○スピード感あふれるＡくん
　算数の学習が得意で、なにごとも早く済ませることに価値を見出す２年生のＡくん。計算力があり、文章題の理解も早く素晴らしい力をもっています。
　反面、漢字学習や日記などでは、ささっと行い提出することも多く、読めない字で書いてきてしまうこともしばしばありました。スピード感をほめつつも、文字の丁寧さが課題でありました。
　間違えている漢字や読めない文字などの指導を１学期から個別に行ってきましたが、指導した何日かは丁寧に書くものの、数日経つとまた元に戻ってしまうという有り様でした。Ａくんのほかにも数名が似たような状況でした。

○丁寧な文字を書く友達の字を実際に見よう！
　そこで、２学期初めの学級の時間に「文字を丁寧に書くこと」について、クラス全体で考える時間をとりました。
　はじめに、丁寧な文字で１年生から書き続け、２年生になってからブレークしたＢさんの漢字ドリルをコピーしてみんなに配りました。
「これは、Ｂさんの漢字ドリルです。なぜコピーをしてみんなに配ったのでしょうか。相談しましょう」
　この問いについて、座席の隣の子ども同士で話し合わせました。
「字が綺麗だからかなあ…」
「きちんと書いているからじゃないの」
「しっかりしているからだ！」
　など活発に意見が出されました。
担任：「文字が丁寧だからですね。あと丁寧に文字を書いていたら…。Ｂ

さんから話してもらいましょう」
Bさん：「はい。1年生の時はあまり丁寧に字を書くことはなかったのですが、2年生になって丁寧に書くようにしていたら、勉強が分かるようになってきました。漢字はすごく自信があるし、苦手だった算数も分かるようになってきて驚いています」
　文字を丁寧に書くようになって、文字が丁寧になっただけでなく、勉強面そのものの力がついてきたことを話してくれました。
　その日のAくんの日記にはこう書いてありました。
「ぼくは、今まであまり丁寧に字を書こうとはしていませんでした。なぜなら早く宿題を終わりにしたいからです。いつも早く終わらせ、遊びたいからです。でも今日のAさんの話を聞いて、今日から字を丁寧に書いていこうと思いました。その方が、勉強ができるからです」
　担任からの指導よりも、同級生からの実感をともなった感想は、Aくんの心にヒットした様子でした。

○文字の丁寧さの価値を高める
　この日を境に、Aくんは再び丁寧な文字で書くようになりました。その姿をとらえ、積極的にほめていきました。
　あれから数週間経った朝の会での「先生の話」の時間に、ミニ授業をしました。
「最近、Aくんの字がとても丁寧になりました。それにともない、姿勢がよくなったり、授業も集中して聞けるようになったりしてきました。たいへん素晴らしいです！大きな拍手を送りましょう」。パチパチパチ!!
　突然ほめられたことにびっくりしていたAくんでした。しかし、その表情にはあふれんばかりの笑みが見られました。
「書は人なり」"字は人の心をあらわします"
　黒板におもむろに書きました。
「Aさんは、なぜ字が美しくなったのでしょう」
　この問いに、全員が答えました。大別すると3つの意見にまとまりま

した。
　①努力をしたから
　②お友達に刺激をうけたから
　③心を磨いたから
　文字を丁寧に書くことと心の在りようがつながっているということを感じている発言でした。字と心、一見関係のないと思えたことが実は大きな関係性があるということに気づいた子どもたちでした。
　この日より、Aくんはもちろんのこと、多くの子どもたちが文字を丁寧に書くようになってきています。

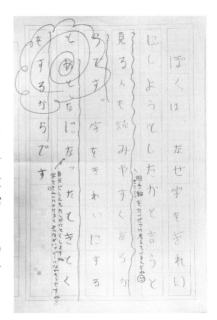

振り返り

「文字が汚い子は学力が高い子が多い」という話もよく聞かれます。しかし、汚い文字を書くことで読み手に伝わらなければ学力が高くてもその効果は半減します。

「文字が汚くても（自分が）勉強ができればいいんでしょ」という考え方には、読み手である相手軸の考え方がないのです。

　文字を丁寧に書くことは、ただ単に自分が得するだけでなく、読み手である周りの人にもよい影響を与えるという、双方向のプラスが生まれます。そのことまで気づけたAくんは、大きな宝物を得ました。

　今後も丁寧に文字が書けるよう、温かく子どもたちを見守っていければと思っています。

〔川尻年輝（菊池道場長野支部）〕

第4章 叱る指導の実際　教室あるある

⑫全力を出そうとしないとき

> 「本番で練習以上の力は出ない（成長の壁を決めるのは自分）」

✏ こんな場面はありませんか？

- 一人（個）の全力が、周りの子（全体）に広がらない。
- 全力を出すべき時に出し切れない。
- 周りの子の様子をうかがう。

💡 子どもたちの全力が、学級の成長の道を切り拓く

■全力を出した経験はありますか？

　大人であれ子どもであれ、一つのことに真剣になった瞬間は、とても気持ちがいいものです。全力でやったからこそ「悔いはない」と、結果ではなく過程を大切にできることもあります。思わず嬉し涙や悔し涙が流れた瞬間。そんな思い出がいずれは自信となり、「あの時は頑張ったなあ」と今を頑張る力になるのではないでしょうか。

■全力で頑張る姿を見て、どのようなことを感じますか？

　子どもたちが歌う姿、組体操で見せる必死な表情。このような姿に感化され、思わず力がみなぎってくる経験をされたことはないでしょうか。一方で、「まだ全力出していないだけ」と思える子どもの姿を歯がゆく思うこともあるのではないでしょうか。子どもたちが心から全力を出そうと思える指導を、行事指導の場面から考えていきます。子どもたちが、集団として全力を発揮できたとき、それは学級が成長の道をさらに前に踏み出せた瞬間と言えます。

> **伝えたい価値語**
>
> 「圧倒声」「雰囲気を変える」「出席者でなく参加者になる」
> 「率先力」「限界突破力」「頑張る姿は美しい」
> 「命を大切にする」「突き抜け力」

❀ 指導の実際

■指導にあたって「1対多→多対1」

　学級全体で成長の方向に向かう雰囲気をつくるためには、1人対多数という「1対多」の構造を、多数対1人という「多対1」の構造にすることが欠かせません。今回の指導においては、2つの視点で「多対1」の達成を目指しました。本学級の児童は38名なので以下のように考えました。

　1つ目の視点は、「教師1人　対　子ども38人」をつくらないということです。リーダーとして教師が主導的に指導する場面も必要ですが、「全力を出すのは子ども」という視点を置き去りにしないよう心掛けました。ただし、担任として「君たちならもっとできる！」と熱血指導をしたくなるものですし、その教師の姿に感化されて、伸びていく子ども、学級も多くあり、こういった熱量（期待）も伝えていきました。

　2つ目の視点は、「全力な子ども1名　対　全力になり切れない子ども37名」にしないということです。頑張っている子を認めるのが基本的な姿勢ですが、学級の雰囲気によっては「出る杭は打たれる」ように、目立っている子を冷ややかな目で見るという場面も想定されます。やはり、「37名をほめるために叱る」という部分を大切にしました。上記の2点を達成させるために、以下に示す4つのステップで指導を行いました。

　　①全力の目安を共有する　　②めあてを学級全体で共有する
　　③めあてに即して叱る　　　④次の指導につなげる

■①全力の目安を共有する（基準を示して、叱る）

「全力で○○しましょう」とは言うものの、多くの場合子どもたち一人ひとりが描くその姿は、多様なものです。まず、全力で取り組む姿の土台をつくることから始めました。

　運動会まで3週間程となった9月の初旬。運動会に向けた練習が始まりました。朝学習の時間を使い、学級で「運動会の歌」を練習していた

時のことです。6年生38名の歌声。今一つ。そんな中、一人（以下、Aさん）の声が教室中に響きました。応援団となったAさんの歌声や表情には、多数に流される様子はありませんでした。Aさんの姿がそのほかの子の学ぶ機会となることを信じて、曲をリピートした2回目。全員が黒板を向く隊形から、互いを見合える隊形に変えるよう指示して歌いました。やはり、Aさんの歌声が教室中に響きます。応援団の練習も始まり、力が漲っていたAさん。

　歌い終わって「Aさんの姿は、仲間として誇らしいか」と問い、成長ノートに○か×かを書くように指示しました。○が37名、×が0名。続いて、「Aさんの姿はなぜ誇らしいのか」というテーマで成長ノートに書かせ、全体で共有しました。ここで出されたことの中に、「全力」「本気」「流されない力」といったものがありました。そこで、出された言葉を集めて、「6年1組が達成する運動会での成長」としてまとめ、全力を表すモデルとしました。

　全力と感じる姿を「見える化」して学級全体に示すことで、Aさんのよさはもちろん、そのよさが個人的なものでなく、学級として目指す姿となりました。担任が基準を示すことのよさもありますが、目の前の子どもの姿を認めながら、基準としたことで、共通の土台として理解しやすかったように思います。「もっと大きな歌声で歌いなさい！」のような声掛けはしていませんが、目指すべき姿を共有したことで、子どもたちは、成長ノートに自分の姿とAさんの姿を比較し、内省し振り返りを書きました。

　この基準を継続して意識できるものとするために、この話し合いに続けて、これから進もうとする道を確かめました。

■②めあてを学級全体で共有する（目指す道を決める）
　次のように子どもたちに問いました。
　Aの道「全力でめあてを達成させて成長し、仲間と最高の思い出をつくる運動会」
　Bの道「全力を出したふりをして、仲間と失敗を責め合う運動会」

どちらを選びますか？

挙手をさせて全体で目指す道を決めました。全員がAの道を選び、全員の同意でAの道を進むことを確認しました。

続けて、個人で運動会のめあてを3つ書き、全体で共有。そこで出されたキーワードは、次のようなものでした。

・保護者、地域の方に成長した姿を見せる。
・最上級生として下級生の憧れとなる。
・38人全員で成功させる。

■③めあてに即して叱る

学級で決めためあてを達成させるために先手を打ちました。緊張感をもたせることで、めあてを実行する雰囲気をつくるためです。本校の6年生は単級のため、5年生と合同で組体操に取り組みました。その合同練習に向けた6年生のみの練習初日のことです。

○全力な姿を引き出すために

体育館に整列をして集合した後、上履きや靴下を脱いで再度集合することを指示しました。子どもたちがどのような動きをするか、次のような視点で見ていました。壁に上履きを揃えるか、中途半端にそろえるか。走って戻って来るか、歩いて戻ってくるか。早く戻って来た子の座り方はどうか。そして、戻って来た子どもたちに次のように話しました。

「38人が最高だったと思える運動会にしましょう。そのために考えためあてを達成させよう」「そのための練習や、さらによい練習にするためにできることはありますか」。数名の手が挙がりました。「今考えたことをやってみよう。見ていることも学びです。1分後に集合。始め」。上履きを揃えに戻る子。その場で姿勢を正して待つ子。体育館の窓を開けに行く子。「数分で、練習に向かう姿勢が変わってきました。次回からは、5年生との合同練習です。練習が始まる前から、いい練習の時間をつくるために動けるクラスにしましょう」と伝えてから、練習に入りました。よい緊張感がありました。

この後の練習において、子どもたちは練習開始時の準備をこの時間の

ように行いました。練習を見てくださったほかの先生からその姿に対する ほめ言葉をもらい、さらによい表情で練習に取り組むようになっていきました。その意欲が、練習中の集中力にもつながり、さら練習でほめられることが増えていきました。練習ごとの振り返りでは「めあてに向かってみんなで成長できたか」という視点で考えさせていきました。

■④次の指導につなげる「全力で頑張ることは、命を大切にすること」

運動会を通して、38人が全力で取り組むよさを再認識した子どもたち。周囲からの励ましや「さすが！」といった称賛もいただき、さらにその思いを強くした様子でした。日常でその力が発揮されるようにしたいと考え、運動会後には次のような取り組みを行っていきました。

子どもたちの心に残したかったことは、

全力で頑張ること　＝　命を大切にすること　ということです。

道徳の時間に、星野富夫さんや田部井淳子さんなど、先人の生き方から学ぶ時間をつくりました。さらに、「名言コレクション」という取り組みを行いました。学級全員で、名言を調べ、紹介し合う活動です。朝の時間を活用して、順番に紹介していきました。

さらに、運動会後1か月半で迎えた学芸会においても、「全力」を成長のキーワードに置きながら、指導を行いました。

劇のテーマは「成長と仲間の大切さ」。台詞の一部を紹介します。

「お前はまだ本当の自分に気がついていねえ。できねえ、できねえでいたら、できるものも見失ってしまうんだ」

「命は、石みてえなもんなわけよ。磨いて磨いていかねえと、ぴかぴか光る石にはならねえんだ」

📎 振り返り

　全力で取り組むことで子どもたちが大きく成長していくのは疑いようのない事実です。「まだ全力出していないだけ」と思える子どもの姿からもキラリと光る姿を認めること。その姿が全体のモデルとなり、全力を出し切れていないその他の多数を動かす「叱る指導」になると考えています。全力を出すことのできた経験は、個にとってもクラス全体にとっても、次の良いスパイラルを生む第一歩となります。

〔丹野裕基（菊池道場東京支部）〕

第4章 叱る指導の実際　教室あるある

⑬ 物が散らかっているとき　2

整理整頓は時間を生み出す

🖋 こんな場面はありませんか？

・物やごみが落ちていても気にしない。
・みんなで使うものを粗末に扱う。
・友達や先生がしてくれるだろうと思って、拾おうとしない。

💡 仕事の早さに関わる

　子どもたちが生活する学校や学級は公の場です。公の場、つまり、みんなが使うところでは、自分勝手な「自分軸」ではなく、「相手軸」の考えで生活しなければなりません。教室が乱れていると気持ちも乱れ、次第に集団として成り立たなくなります。終いには、学級崩壊へとつながることにもなりかねません。この指導を通して公の場を意識した子どもたちは、友達やクラスのことを先に考え、率先して整理したり物を拾ったりするようになりました。

　物が整理整頓され整った教室には、無駄な動きがありません。教室が乱れていると、たくさんの時間をかけて物を探しますが、整理されている教室で過ごす子どもたちはすぐに物を見つけ、次の行動に取りかかることができます。その時間の差が生まれることで、次の行動に落ち着いて取り組むことができ、成長にもつながります。

　このように物を大切にすることは、時間を新たに生み出し、集団としての成長につながります。

伝えたい価値語

「公の場」　「当たり前が当たり前にできる人に」
「相手軸」　「整理は時間を生む」

❀ 指導の実際

■教室が乱れ始める

　夏休みが明けて１週間ほどが経った日のことです。子どもたちは夏休みの気分から抜け、学校のリズムを取り戻しつつあった様子でした。反対に、緊張感も抜けており、なんとなくダラダラしている雰囲気もありました。

　そんな様子で起こった出来事です。給食時間の片づけの時に、ストローのごみが床に落ちていました。子どもたちは、踏みつけても気づかない。ちらっと床を見る姿があっても気づかない。気づいたとしても、拾わない。そのような

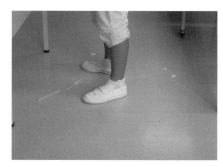

時間が流れ、最後に給食当番の子どもが一人気づき、袋に入れて片づけることができました。

　その出来事を子どもたちが揃った場で伝えました。まずは、最後に拾った子どもを取り上げ、ほめました。そして、子どもたちにどうしてごみをずっと拾わなかったのかを聞きました。
「ごみに気づかなかった」
　と言った児童が多かったのですが、中には
「あとに掃除時間があるから、そのままでいいと思った」
「自分が落としたごみではないから拾わなかった」
　と発言する児童も少なからずいました。
　３年生の子どもの発達段階では、視野が狭く気づくことが困難なところもあると思いますが、気づいていたという子どももいたことに改めて指導の至らなさを感じました。そういう状況に気づいた私は、子どもたちに「公の場」「当たり前が当たり前にできる人に」という価値を伝えなければと思い、ミニ授業をしました。

まず、子どもたちに

> 「自分の物ではなかったら拾わなくていい。気づいていても、そのままにする。そういう人たちがこの教室で過ごしていくと、教室はどうなりますか」

と問いました。

子どもたちは考え、「教室が汚くなる」「物を大事にしなくなる」「教室で過ごしたくない」などと発表しました。

その後、「では、これから自分たちはどんなことに気をつけて生活していかないといけないのか」ということを考えさせました。

「周りをよく見る」「気づいたらすぐに拾う」「当たり前を当たり前にする」「無視しない」など、子どもたちなりに考えたことを発表し合いました。最後に、

> 「教室には、自分の物ではないみんなの物がたくさんありますよね。例えば、学級文庫や雑巾など。それらが、ぐしゃぐしゃになっていたら皆さんはどう思いますか。ほかの人が見たら、どんなクラスだと判断するでしょうか」

と考えさせました。子どもたちは、「汚いクラスだと思われる」「汚れている教室は嫌だ」などと答えました。

授業の最後に、授業を通して学んだことを作文に書かせました。ある子どもは、「自らすすんで行動することの大切さ」を書いていました。今の自分たちは成長してきているからこそ、ピンチをチャンスに変えてさらに成長していこうとする姿勢が作文からも伝わってきます。

また、「自分一人の成長ではなく、仲間と声をかけあって一人も見捨てずに成長すること」を書いている子どももいました。初めは、自分で。そして、2人、3人と輪を広げて。そして、最後には全員で。

　たとえ一人の力ではうまくいかないことでも、友達の力を借りることでうまくいくということにも気づくことができたのには驚きでした。

■**朝の黒板メッセージ**

　朝、子どもたちが登校する前に、子どもたちに向けて成長メッセージをよく書きます。叱った次の日の朝の黒板には、こんなメッセージを用意しておきました。

　再度、子どもたちが4月の「Aの道を目指して頑張るぞ」という気持ちを思い起こして、この失敗をクラスのよき成長の1ページにしてもらいたいという思いで書いておきました。そのために、「初心に戻る」とも書いてきました。

　子どもたちは、このメッセージを受け、行動に少しずつ移すようになりました。

■**行動に移し始める子どもたち**

　叱られたことを意識し、成長していこうとする姿は実際の場面でもありました。

　ある隙間時間に一人の男の子が箒を持ってきて、掃除を始めました。その子に、「なぜ掃除を始めたの」と聞くと、「教室にごみが

落ちていると気づいたから」と言っていました。その一人の姿を見て、誰に言われることなく掃除を始める子どもたちが出てきました。数名が動き始めると、いつしかクラス全体で掃除が始まっていました。

また、掃除だけではなく教室に物が落ちていれば拾い、「誰のですか」と声をかけたり、学級文庫が乱れていたらすすんで本を揃えたりする姿も増えてきました。

そのような姿から「公の場」や「当たり前を当たり前にする」ことを意識して行動する子どもたちの成長を感じます。

振り返り

子どもたちは、今まで「自分さえ困らなければいい」という考えや、他者との関係の薄い状況の中で自信もなく過ごしてきていたように感じます。しかし、友達と協力して何かをやり遂げる時、学校やクラスの代表になった時、社会の一員として生きていく時、その考えや状況だけではなにごともうまくいかなくなってしまいます。その結果、どんなことも成し遂げることが難しくなってしまうでしょう。

子どもたちは幼い分、誰かがやってくれるのを待つのではなく、まずは自分でやってみるという姿勢も教えていく必要があるのではないのでしょうか。

今回の失敗の中で、子どもたちは、「相手軸」「自らすすんで行動する」「公の場」を意識し始めました。たとえ、自分のことではなくても、自分のことのように考え行動していく子どもたちへとさらに成長するよう、今後も見守っていきたいと思います。

〔池田藍子（菊池道場茨城支部）〕

第4章 叱る指導の実際　教室あるある

⑭給食を無駄に残すとき

「食べること」は「生きること」

こんな場面はありませんか？

- 嫌いなものは一切食べない。
- 感謝の気持ちをもたず、ためらいなく残す。
- 話すのに夢中で食べ終わらない。
- ふざけていて食べ物を落としたり、こぼしたりする。

「食べること」は「生きること」

　人間は、自分で栄養をつくりだすことはできません。よって、私たちは日々、動植物の命をいただいて生命を維持しています。

　近年、アレルギーや偏食の問題が多く、学級の児童全員に残さず全部を食べさせるということはできません。食べることを強要し、不登校の原因になってしまうということもあり得ます。しかし、給食を無駄に残すということは、給食へと姿を変えた命を無駄にするということでもあります。また食材を育ててくれた人、調達してくれた人など原材料に関わる人々、給食を作ってくれる人々の気持ちを無駄にしてしまうことでもあります。子どもたちには、そんな給食を取り巻く食べ物や人々に感謝しながら食事をしてほしいと思います。

　自分の食べられる量、食べるのにかかる時間を考えつつ、日々の給食に感謝し、美味しく楽しく食べる時間を理想の給食の時間と考えます。「食べることが楽しい」→「生きることが楽しい」を生み出す給食の時間を目指します。

> **伝えたい価値語**
> 「命をいただく」「相手軸」

❉ 指導の実際（2年生）

■指導の前の様子
　1学期の初めは、時間を気にせず食べている児童が多く、片付けの時間になっても、給食が食べ終わらない児童が数名いました。時間を意識していない、自分の食べられる量が分からず残してしまうようでした。食欲旺盛な児童にとっては配られる給食の量が少なく、食が細い児童にとっては多い。同じ2年生でも食べられる量は人それぞれです。「食べ切れない人は減らしなさい」「時間を見ながら給食を食べよう」と声をかけました。

　2学期に入り、児童が学級に慣れてくると、給食のマナーが乱れ始めました。友達との話に花が咲き、声が大きくなりすぎたり、ほかの班を向いて食べ物を落としてしまったりということが出てきました。間違ってこぼしてしまったり、落としてしまったりすることは仕方ないと思いますが、マナーが悪いせいで食べ物が無駄になるのはよくないことです。

■叱った場面
　10月にランチ係に「食べ物が落ちることが多いのだけど、どうしたらいいだろうか」と相談しました。ランチ係なりに考えていることがありましたが、学活で話し合いをしてもらうことにしました。

　まずは、学級の給食でみんながなぜ残さずきれいに食べられるようになったのかを聞きました。「1年生の時はそうじゃなかった」という子もいました。「成長するために食べる」「元気に生活できるように食べる」という声も上がりました。また「残してしまうと作ってくれた人（お母さんや調理員さん）が悲しむ」と、作ってくれた人のことを思いやる意見も出ました。

　そして、今回の議題「食べ物を落とさないようにするにはどうしたらよいか」の話し合いに入りました。「なぜ食べ物を落としてはいけないか」と聞くと、次のページの写真のように「もったいない」「作ってくれ

た人に失礼だ」「世界には食べられない人もいる」と、前に道徳で扱った内容を思い出して発言する児童もいました。また、「食べ物以外に、お箸もよく落としている」という学級の課題に気づいて、その点についても意見がたくさん出てきました。

　この話し合いで、次のような改善案が出ました。
・前を向いて食べると、食べ物が床に落ちにくい。
・皿を持って食べると、床まで落ちない。
・箸を置く時はお盆の上に置く。
・机とお腹をくっつける（椅子を引く）。
　普段マナーについて声をかけていますが、なぜマナーよく食べることが大切なのか、２年生なりに考えられた場面でした。食べながら他の班を振りむいていたことや、食器を持って食べていなかった自分たちの姿に気づいて改善案を考えました。その中から、すぐに取り組めて効果的だと思われること（５つほど）に絞りました。

■子どもの変容
　その後の給食から、配膳をいつもより静かに待とうとする児童や、自分の食べられる分量を積極的に食べようとする児童が以前より増えました。ご飯を半分ほど減らす児童が８人ほどいますが、同じく８人ほどの児童がおかわりをして食べ切ることができてきました。この授業の前と後ではおかわりをしていたメンバーが変わり、その変化に驚いています。

マナーについても、自分たちで気をつけようという意識が以前より高まりました。食べ物や箸を落とさないよう気をつけている様子で、「最近、落とす人が減ったね。学活で話し合ったこと、気をつけているんだね」と話しました。

その後の学活では、給食の食べ方が改善されたという意見がたくさん出ました。また、今後も気をつけなくてはいけない課題も出てきました。

振り返り

給食の指導は、学級の実態や児童の背景に応じて配慮することが必要です。アレルギーを抱える児童や、もともと好き嫌いの多い児童がいます。その中で価値観を押しつけるのでなく、食べる楽しさや食べることの意味に自分たちで気づけるようにしたいです。

命をいただくというメッセージを伝えるために『いのちをいただく』（講談社）の読み聞かせをしたこともあります。食べる＝生きるという意味を発達段階に応じて広げていくとよいでしょう。

〔飯村紘子（菊池道場茨城支部）〕

第4章 叱る指導の実際　教室あるある

⑮失敗を恐れ、挑戦しないとき

> 挑戦すること＝成長

✎ こんな場面はありませんか？

- ・恥ずかしいから意見を言わない。
- ・失敗をしたくないから、行動を起こさない。
- ・教師の問いに対して、無反応。
- ・周りを見渡してから、多い意見に合わせる。

💡 克己心をもち、挑戦することが成長につながる

　人は、何かに挑戦した時に成長することができます。成功、失敗に関わらず、挑戦する経験がとても大切です。しかし、挑戦することは、失敗することが考えられ、心の痛みが伴います。その心の痛みに打ち勝ち、失敗を恐れず、挑戦できる姿に成長してほしいものです。

　禅には、『啐啄同時』という言葉があります。これは、親鳥が卵を温める「抱卵」を続け、「孵化」する機会が訪れた時の鳥の行動です。雛鳥が卵の内側からつつく「啐」と、親鳥が卵の外側からつつく「啄」の両方が一致することで、雛が生まれます。学級経営という「抱卵」の中で、成長「孵化」するための機会が訪れ、教師のサポート「啄」の準備が万全だったとしても、子どもが挑戦「啐」しなければ、その機会を逃してしまいます。子どもが成長するために、時には厳しい言葉をかけ、挑戦する気持ちを起こしていかなければいけない時もあります。

伝えたい価値語

「成長のチャンス」「一歩踏み出す勇気」「克己心をもつ」
「ブレイクスルーはおはやめに」「本気でバカになろう」

❀ 指導の実際

　10月のある時に、「失敗を恐れ、挑戦しない」ことに対して叱りました。そこにいたるまで、次のような指導を積み重ねてきました。

■指導前の様子

　4月の学級開きでは、なごやかな雰囲気で進みましたが、次のような場面がありました。

> 「担任が高橋先生だと予想していた人？」（2～3人、挙手）
> 「予想外だった人？」（4～5人、挙手）

　手を挙げない子がほとんどで、手を挙げた子は周りの様子を伺っていました。手を挙げない理由は次のようなものでした。

> 「恥ずかしいから」「別に理由はない」

　役を決めるときや、授業で意見を交換するときなど、ちょっとした「挑戦」する機会は、いつも周りを気にして、自信がなさそうにしていました。失敗を恐れ、挑戦に消極的な学級の実態です。そこをなんとか改善し、挑戦できるクラスにしたいと思いました。

　10月に叱った際、学級目標と価値語をもとに叱りました。学級目標と価値語の指導については、次のような取り組みをしました。

・学級目標

　私の学級の目標です。人の役に立つために努力して自分の力を高め、助け合えるクラスを目指そうと決まりました。

> 31人全員が人のために努力し助け合い成長できるクラス

・子どもが挑戦するための価値語指導

1学期「挑戦するための価値語を広める」(「価値語日めくりカレンダー」(中村堂))

2学期「挑戦するための価値語を浸透させる」(価値語ポスター作り)

・価値語ポスター作り

　価値語日めくりカレンダーや「価値語100ハンドブック」(中村堂)を参考にし、オリジナルを含めた、「価値語ポスター作り」をします。その中で、次のような挑戦するため価値語ポスターを子どもたちは作りました。

　価値語を意識させることで、学級では前向きは空気が生まれ、少しずつ「挑戦する」子どもが増えてきました。

■挑戦するために、叱る

　しかし、10月に入り、また、挑戦することに対して「恥ずかしい」「面倒くさい」という雰囲気が漂い始めました。ある日の質問タイムの時のことです。質問することが「恥ずかしい」「考えるのが面倒で、思いつかない」という理由で、29人中、8人しか質問をしませんでした。

　はっきり言います。今のこの状況はまずいと思います。質問タイムだけではありません。普段の生活でもそうです。もう10月です。6年生は半分を過ぎました。このクラスの目標は、「31人全員が人のために努力し、助け合えるクラス」です。「恥ずかしい」「質問が思いつかない」そんな弱い理由で、努力することや、人を大切にして助け合うことから逃げています。つまり、自分やクラスの成長のチャンスを逃しているわけです。先生が、みんなを成長させるため

に、いくら努力しても、無理です。なぜなら、あなたたちが、弱い気持ちに負けて挑戦せず、成長をあきらめているからです。
　あなたたちは、どちらを選びますか？
「A　弱い気持ちに打ち勝ち、成長曲線を加速させるクラス」
「B　弱い気持ちに負けて成長をあきらめたクラス」
（全員がAを選ぶ）
　厳しいことを言いますけど、今のあなたたちはBですよ。克己心をもたなければ、弱い気持ちに勝たなければ、絶対に成長できません。
　先生の力だけでは、あなたたちの未来を変えることはできません。あなたたちが克己心をもち、挑戦することが大切なのです。

次の指導を心がけました。
　・学級目標とつなげること　　・価値語をたくさん使うこと
　・究極の2択で考えさせること
　・教師ではなく、自分の成長したい気持ちが大切だということ。
　その後、質問タイムは全員が質問することができました。全員で拍手し、私は心の底からほめることができました。

■子どもの変容
・成長ノートから
　タイトル「やろうとしない自分が成長するために心がけること」

・私の心がけることは、自信です。質問タイムで質問は決まっているのに、自信がなくて言えません。それは、授業の発表の時もそうです。自信をもつことが成長につながると思います。
・私には、「だるい」「恥ずかしい」などの弱い気持ちがあります。だから挑戦ができません。「克己心」をもち、弱い気持ちに打ち勝つことで、いろいろなことに挑戦していきたいです。

・教師の見取りから

　質問タイムだけでなく、授業中の発表の様子も変わってきました。弱い気持ちに打ち勝ち、成長していこうという雰囲気が生まれてきました。

📎 振り返り

　1学期は叱らずに、学級の雰囲気づくりやその子に必要な価値語を与えることで挑戦することができていました。しかし、2学期はその手立てだけでは足りませんでした。そこで、全体を叱るという手立てを取りました。私の話を真剣に聞いてくれました。価値語を意識し、振り返ることができる子も増えてきたように感じますが、時間が経つとまた弱い気持ちに流れる雰囲気になります。しかし、この叱った指導の後は、その雰囲気に負けない子が必ずいました。その子を心の底からほめ、挑戦する雰囲気をつくることができるようになりました。3学期は、一人ひとりが挑戦することを大切できるよう、育てていきたいです。

〔髙橋朋彦（菊池道場千葉支部）〕

第4章 叱る指導の実際　教室あるある

⑯担任以外で態度を変える、不在のときに態度を変えるとき

他律から自律へ

🖉 こんな場面はありませんか？

- 出授業の先生の言うことを聞かない。
- 担任が出張の時にトラブルが起きる。
- 教師がいないと、好き勝手な行動をする。
- 大人の目をいつも気にして行動する。

💡 他律から自律へ

　出授業の先生（担任以外の先生）の言うことを聞かず、「〇〇さんが言うことを聞かない」「授業が思うようにいきません」と相談されることがあります。出張で教室を空けると、職員室の机上にトラブルがあったことを伝える付箋が貼られていたり、補教に入っていただいた先生に迷惑をかけた話を聞いたりすることもあります。その結果、学級の子どもたちを心配しながら教室を空けることになります。それは、子どもの中に本当の意味で「当たり前」が定着していないことが原因です。

　担任の言うことを聞くのは、他律的な「当たり前」です。しかし、交換授業の先生や出授業の先生の前では、普段見せない裏の部分や問題行動が見られることがあります。では、担任不在でも、一貫して子どもの前向きな姿を引き出し、安定した生活を送るにはどうすればいいのでしょうか。それは、自分の心の中に自律的な「当たり前」をもつ人間を育てていくことです。

> **伝えたい価値語**
>
> 「〜からこそ頑張る」「裏を美しく」「リバウンドしない」
> 「決まりは自分の心の中」「他律から自律」「〇〇し合う」

指導の実際

■きまりは自分の心の中にある

　６月の半ば頃。出張で２日間教室を空けることがありました。朝のメッセージ黒板で、「先生がいないからこそ」というメッセージを残して出かけました。翌日、２日間の振り返りを成長ノートに書かせたところ、先生の言うことを聞かない子や大騒ぎする子、教室からなくしたい言葉を友達に発する子が多かったという内容がほとんどでした。

> 　あなたたちは、まだまだ未熟です。昨日とった行動は、教室を良くしますか。それとも悪くしますか。どうして教室や先生の気持ちが暗くなったか分かりますか。一日、考えなさい。

道徳の授業

　その日の道徳で「シンガポールの思い出」という資料を取り扱いました。「ルールに縛られているがきれいなシンガポールか、厳しいルールはないが放置自転車やポイ捨てなどがある日本か」。あなたはどちらの国に住みたいかという討論を行いました。ジレンマ的に考える中で、子どもたちは、きまりやルールを守るということの本当の意味を知りました。子どもたちの意見や振り返りでは、以下のように述べられていました。

> ・決まりは誰かに決められるのではなく自分の心の中にある。
> ・決まりを守ると自分の身の回りが気持ち良い環境に変化する。
> ・心や行動が美しければ、環境まで美しくなっていく。
> ・２日間、教室がよくなかったのは、自分たちの中にきまりをもてず、行動できなかったからだ。

　道徳の時間を通して、きまりを守れなかったという表層的な反省ではなく、これまでのきまりが先生から与えられていたものだったという本

質的なことに気づきました。自分たちの心の中に「きまり」や「当たり前」があれば、学級はよくなっていくことを強く感じ取ったようでした。

■積極的なしかけ

出張の前日に黒板にメッセージを残すことがよくあります。「今日は先生がいないから頑張ってね」「ほかの先生の言うことを聞いてやるんだよ」。私もこれまで何度も書いたことがあります。しかし、子どもが育っていない時期に、このような形式的な言葉かけをしてもうまくいかないように感じます。「積極的なしかけ」も時には必要です。子どものやる気を引き出すしかけです。

【頑張りを得点化したゲーム】

事前に、補教に入ってもらう先生方に、45分間のクラスの様子に得点をつけてくださいとお願いしておきます。得点の基準はさまざまで、「黙って取り組めたか」や「行動がきびきびしていたか」など、先生方にその場で考えていただきました。加点方式や減点方式など点数のつけ方はいろいろありました。また、目標値や最高得点がはっきりしていたので、子どものやる気を引き出したように感じます。すべての時間で90点台をとった上、「満点まで残り30点でした」という言葉に子どもが一日、高いモチベーションで取り組んでいたことを感じました。

しかし、こういったゲームで育てられるのは、本当の力ではありません。あくまで、自分たちの頑張りが可視化されることで、成功体験をさせる手立てとしての実践にすぎません。

■担任以外の先生の叱りを生かす

　11月の半ば頃、出張から帰ると大きなトラブルが連発したという報告を受けました。正直、「またか。」とガッカリしました。翌日、子どもたちにどんな言葉をかけるか悩みました。翌日、一言こう伝えました。

> # 安心しました。

　この言葉は、子どもたちの予想を反するものだったようです。「怒られると思った。安心しましたという言葉に驚きました」と成長ノートに書かれていました。この時期、成長を実感できることが増え、子どもたちの中によくなっているという安心感が広がっていました。この時期は「魔の11月」と言われるほど成長が停滞する、指導が難しい時期です。よい学級というのは、この時期に飛躍的に伸びてくるとも言われています。この日、私の学級では、未完成な現状を受け止め、再度成長に向かうきっかけの1日となりました。

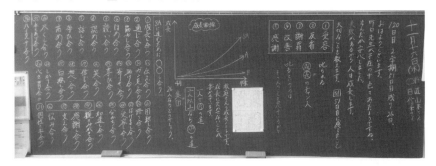

　さらに、たくさんの先生方に叱られて、担任の自分まで叱るのでは効果がないと感じ、指導してくださった先生の叱りを最大限に生かす方法を考えました。だからこそ、私の学級では「正しい叱られ方」の授業を

このタイミングで行うことがよいと考えました。叱ってくれた先生の想いを感じてほしいということと、今回の失敗を次につなげたいという思いを込めて、朝の成長授業を行いました。そして、最後に一言。「みんなを想ってくれる先生を悲しませたり、裏切ったりするようなことは許さない」と伝えました。

■**他律から自律へ**

2学期も終わりに近づいた頃。私の耳にこんな声が聞こえてきました。「先生がいなくても大丈夫なのか」「この学級だから、できているんじゃないか」「卒業したらどうなるんだろう」「また、あの頃の自分たちに戻ってしまうのか」という不安の声でした。また、学級ではこの頃になると、時間やきまりを守ることも当たり前になってきましたが、友達の声や先生の声で動く、他律的な姿も依然として見られていました。

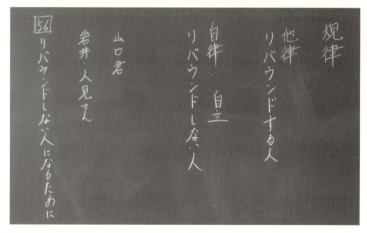

進学や進級による、学級の解散や担任の交代というのは、子どもにとって大きなことです。これまで活躍していた子が、次の年に急に崩れてしまったり、中村先生のあとはやりづらいと言われたりしたことがあります。そのたびに、自分の指導は正しかったのかと自問自答していました。環境の変化や人との出会いはそれほど大きな影響力があるのです。だからこそ、担任として、次につなぐという意識は大切です。そのためにも、2学期の後半から「自律」した個や集団を目指さなくてはいけな

いと考え、授業を行いました。

「今のままで、中学校に行って、大丈夫ですか。このままでは、あなたたちはリバウンドします。君たちは自律していない。他律です。今から3人の教え子の話をします」

> Aさんはクラスのリーダーで、学習も運動も優秀でした。明るく活発で、クラスの仲間からも信頼されていました。進級してAさんはどうなったと思いますか。苦戦しています。ほめられたり、認められたりすることが減り、みんなを引っ張ることができなくなったようです。

> BさんとCさんもクラスのリーダー的存在でした。二人とも努力家で、成長するために自分自身を磨き、クラスもよりよくしようと頑張っていました。中学校に入学してどうなったと思いますか。人間関係がぐちゃぐちゃで、練習態度も悪い部活に入部しました。そんな中、二人は、地道に努力し、自分たちの代になったら、チームを変えますと力強く語ってくれました。

環境が変わっても、ぶれない子は自分で自分を律したり、友達を律したりすることのできる人だということを伝えたかったのです。これまで、担任不在の時に態度を変える子どもに対する指導や事実を述べてきましたが、究極はクラス替えや担任が変わった後で子どもたちがどうなったかということに尽きます。担任が出張だからとか、トラブルが起きたからといった目先の指導ではなく、子どもたちの未来やその先を見据えていく「叱る指導」が必要だと思います。

> 自分を怒ったり、ほめたりできる人。そして、ほかの人まで、いい方向に変えられる人。空気を読んで、判断できる人。
> （成長ノートより）

こんな人間を育てていきたいです。

■卒業生からのお手紙

　１月上旬に、前のページで紹介したＢさんのお母さんからお手紙とＤＶＤが届きました。お手紙には、中学２年生になり、部活も勉強も頑張っていることや、生徒会にも入り活躍していることが書かれ、最後に、英語スピーチ県大会の様子をＤＶＤにしたので観てほしいという内容でしめくくられていました。

> 　ある人との出会いがわたしの人生を変えた。それは、小学校５・６年生の時の担任の先生。彼に出会うまで、わたしは自信のない子だった。わたしは、彼から、自分の感情を自由に表現してよいと学んだ。この出会いは、わたしの人生の中で最も充実した最高のものです。
> （スピーチから引用）

〔中村啓太（菊池道場栃木支部）〕

≪第2章、第3章のおもな参考文献≫　※著者50音順

- 有田和正　『教え上手』サンマーク出版（2009年）
- 石田淳『行動科学を使ってできる人が育つ！　教える技術』かんき出版（2011年）
- 内田美智子『いのちをいただく』西日本新聞社（2009年）
- 桂才賀『子供を叱れない大人たちへ』実務教育出版（2003年）
- 菊池省三他『学級崩壊立て直し請負人』新潮社（2013年）
- 菊池省三『菊池省三先生の価値語日めくりカレンダー』中村堂（2014年）
- 菊池省三他『人間を育てる　菊池道場流　作文の指導』中村堂（2015年）
- 菊池省三他『価値語100ハンドブック』中村堂（2016年）
- 菊池省三他『白熱する教室　第6号』中村堂（2016年）
- 岸見一郎『アドラー心理学入門』KKベストセラーズ（1999年）
- シンシアウィッタム『読んで学べるADHDのペアレントトレーニング』明石書店（2002年）
- 林道義『父性の復権』中央公論社（1996年）
- 司馬遼太郎『十六の話』中央公論社（1997年）
- 野口芳宏『野口流　教師のための叱る作法』学陽書房（2010年）
- 参議院会議録情報　第165回国会　教育基本法に関する特別委員会　第11号（平成18年12月13日）

●著者紹介

菊池省三（きくち・しょうぞう）

1959年愛媛県生まれ。「菊池道場」道場長。元福岡県北九州市公立小学校教諭。山口大学教育学部卒業。文部科学省の「『熟議』に基づく教育政策形成の在り方に関する懇談会」委員。2020年度　高知県いの町教育特使。大分県中津市教育スーパーアドバイザー。三重県松阪市学級経営マイスター。岡山県浅口市学級経営アドバイザー。著書は、「教室の中の困ったを安心に変える102のポイント」「作文で読む 菊池学級の子どもたち」（共に中村堂）はじめ多数。

【菊池道場】

第1章　宮内主斗（菊池道場茨城支部）
第2章　小松勝之（菊池道場茨城支部）
第3章　池田藍子、小松勝之、野尻和幸、吉田直樹（菊池道場広島支部、茨城支部）
第4章　飯村紘子（菊池道場茨城支部）、池田藍子（菊池道場広島支部）、
　　　　川尻年輝（菊池道場長野支部）、菅野雄太（菊池道場千葉支部）、
　　　　小松勝之（菊池道場茨城支部）、髙橋朋彦（菊池道場千葉支部）、
　　　　丹野裕基（菊池道場東京支部）、津田拓也（菊池道場栃木支部）、
　　　　中村啓太（菊池道場栃木支部）、根本泰隆（菊池道場栃木支部）、
　　　　古舘良純（菊池道場岩手支部）、米山潤（菊池道場東京支部）
　　　★第4章内50音順　　　　　　　　　　　　　※2020年11月1日現在

人間を育てる　菊池道場流　叱る指導

2017年3月1日　第1刷発行
2020年12月20日　第4刷発行

著　　／菊池省三・菊池道場
発行者／中村宏隆
発行所／株式会社　中村堂
　　　　〒104-0043　東京都中央区湊 3-11-7
　　　　湊92ビル4F
　　　　Tel.03-5244-9939　Fax.03-5244-9938
　　　　ホームページアドレス　http://www.nakadoh.com
印刷・製本／新日本印刷株式会社

© Syozo Kikuchi,KikuchiDojyo 2017
◆定価はカバーに記載してあります。
◆乱丁・落丁の場合はお取り替えいたします。

ISBN978-4-907571-36-8